LA

DANSE AU THÉATRE

Paris. — Typ. Ch. UNSINGER, 83, rue du Bac.

Mlle BERTHE BERNAY

LA DANSE

au Théâtre

PAR

Mlle BERTHE BERNAY

DE L'OPÉRA

ILLUSTRATIONS PAR E. DOUSDEBÈS

PARIS

E. DENTU, ÉDITEUR

Libraire de la Société des Gens de Lettres

3, PLACE DE VALOIS, 3

1890

A la Mémoire

DE MADAME DOMINIQUE

MON PREMIER PROFESSEUR

PRÉFACE

TERPSICHORE

A Mademoiselle Berthe Bernay.

L'écho des Olympes défunts
A notre oreille porte encore
Le nom charmant de Terpsichore,
Comme l'air porte les parfums.

Et, clef d'or ouvrant les Sésames,
Tombeaux des mythes outragés,
Fait revivre encor, pour nos âmes,
La déesse des pas légers.

a

Comme un papillon sur la rose,
Comme sur la lèvre un baiser,
C'est, sans avoir l'air d'y poser,
Que son pied sur l'herbe se pose.

Comme les oiseaux et les fleurs,
Aérienne, dans l'espace,
Radieuse et séchant nos pleurs,
Devant nos regards elle passe.

C'est l'image de la gaîté,
C'est le sourire de la vie;
Car, au rythme seul asservie,
Son génie est la liberté.

N'obéissant qu'à la cadence
Dans son élan capricieux,
C'est la déesse de la danse
Qui la rend visible à nos yeux.

Comme au ciel par des nuits sans voiles

Sur les firmaments grands ouverts,

Écrit la loi des univers,

La marche auguste des étoiles.

Le front ceint d'étoiles aussi,

Terpsichore, sœur d'Uranie,

Dans un ciel, hélas! obscurci,

Réveille l'antique harmonie.

Car ses filles au cœur fervent

Désespérément charmeresses,

Restent les dernières prêtresses

Du seul culte resté vivant.

Vestales aux vœux peu sévères,

Elles gardent le feu divin,

Comme on retrouve, au fond des verres,

L'haleine exquise d'un vieux vin.

De mieux que de vertu modèles,

Consolant nos sorts odieux,

Vous êtes les enfants des dieux,

Danseuses à votre art fidèles;

Rêve charnel dont la douceur,

Voluptueusement nous enivre,

Et pour qui, la main d'une sœur

Très savante écrivit ce livre.

ARMAND SILVESTRE.

30 septembre 1889.

PRÉFACE

A Madame Berthe Bernay.

« *Pressez-vous, l'imprimeur désespère, les deux autres amis se sont exécutés déjà, et mon petit livre sur la Danse n'attend plus pour paraître que les quelques lignes de préface promises par vous.* »

Il y avait erreur, évidemment, ce n'est pas à moi que la lettre s'adressait, mais sans doute à mon glorieux homonyme, le brave Antoine Arène, qui, tour à tour, étudiant à Avignon où l'on rossait le guet papal entre deux leçons de Digeste, soldat avec Lautrec dans ses campagnes d'Italie, capitaine d'une des bandes de paysans armés qui s'opposèrent victorieusement à l'invasion de Charles-Quint en Provence, et, pour finir, — car les plus fous deviennent sages, — juge royal à Saint-Remy, composa aux alentours de 1500, en joyeux vers macaroniques, un Traité de la Danse *demeuré célèbre.*

Mais, hélas! impossible de s'y tromper. C'est bien Paul, non Antoine, que porte l'adresse. L'écriture très parisienne, très moderne, n'a rien du XVIe *siècle. Et puis cette enveloppe qui sent bon, ce timbre sur cette enveloppe? L'enveloppe et le timbre-poste n'étaient certes pas inventés à l'époque de François* Ier.

Ainsi, j'ai promis une préface. Comment me tirer d'un tel mauvais pas?

Quoique votre livre, Madame, traite surtout de cette belle danse classique, à la fois si noble et si gracieuse, et, pour tout dire d'un mot, si française, que vous enseignez aujourd'hui après l'avoir triomphalement pratiquée aux applaudissements du public, dans la féerie des décors et des lumières; quoique Antoine Arène se soit occupé sur-tout des danses basses bassas dansas, *branles, voltes, passe-pieds, pavanes,* le grand Hélas, la Despourvue, le Manteau jaune *ou* la Fleurie, *j'ai bien envie simplement de traduire, à votre intention et comme curiosité, la préface qu'il se composa pour lui-même.*

La danse eut de tous temps de fanatiques ennemis. On trouve, par exemple, ceci dans un vieux livre contemporain d'Antoine Arène :

« La danse est la procession du diable, et qui entre en danse entre en sa procession. Le diable est le commencement, le milieu et la fin de la danse. Autant de pas faits pour danser, autant de sauts vers le trou d'enfer. »

Brr!... Rassurons-nous cependant. Antoine Arène, quoique bon chrétien, ne partage point ce désespérant rigorisme.

« La danse, dit–il, avec belle humeur, est une grossissime consolation (consolatio grossissima) *que prennent les hommes en dansant avec de belles filles.*

« J'entends quand ils dansent selon l'usage de France et de Provence. Car, dans tous les pays de Provence et de France, les hommes dansent publiquement, par les maisons et par les rues, ensemble avec les femmes en les tenant par la main... » (Il paraît qu'en Espagne et qu'en Italie, la coutume alors n'était pas telle.)

Et le poète continue :

« *O heureuse France! ô très joyeuse Provence, qui es la patrie de toute bonté, de toute chasteté, de toute sainteté, c'est pour cela, et parce que tu es un pays choisi, plein de bonnes gens, que tant de saints et de saintes voulurent habiter en notre Provence : d'abord sainte Anne, mère de la Vierge Marie, laquelle est dans la cité d'Apt ; secondement, Jacobé et Salomé, sœurs de la Vierge, qui sont dans la ville des Saintes-Maries située au bord de la mer. De même, sainte Madeleine, honorée à Saint-Maximin, où se trouve aussi une ampoule pleine du sang du Christ qui, le vendredi-saint, rougit miraculeusement. De même Lazare à Marseille, Marthe à Tarascon, Antoine à Arles et tant d'autres que je me vois obligé d'omettre parce que les compter serait trop long... »*

Voilà qui doit rassurer notre conscience en flattant notre patriotisme!

Et comme votre livre, tout à la gloire de la danse française, vient bien à son heure après cette toquade, *— passez-moi le mot, mais seul, il rend bien ma pensée, — oui! après cette toquade d'exotisme qui, pendant les six mois d'Exposition,* influença *les Parisiens.*

Vous rappelez-vous à l'Esplanade, au Champ-de-Mars, que cela est loin maintenant! toutes les bizarres musiques, toutes les sauvages chorégraphies devant lesquelles il semblait délicat de se pâmer.

Au commencement, pourquoi s'en cacher? je me pâmais comme les autres au vacarme de ces concerts. Un jour, je voulus y retourner, croyant retrouver mon plaisir : la promenade fut mélancolique.

Les jaunes Javanaises ne m'intéressaient plus qu'à moitié, avec leur queu-leu-leu crispante et crispée, au son de chaudrons qu'on bosselle et de bambous mélancoliques qui sanglotent en se heurtant.

— Danse sacrée!... disaient les uns; d'autres soupiraient : — Sacrée danse!... Et, que Salammbô me pardonne, j'étais presque de l'avis de ces derniers.

Au Concert Algérien, au Concert Tunisien, au Concert Marocain lui-même, si pittoresque pourtant sous sa grande tente, toute blanche, décorée, en léger relief, de morceaux d'étoffes aux couleurs vives, malgré les iou! iou! des négresses, le claquement des mains rougies au henné, malgré le charivari infernal des cliquettes en fer, des taraboukas et des tambours barbares,

*je cherchai en vain mon impression pre-
mière de surprise mêlée de plaisir. La surprise n'existait plus et le plaisir décidé-
ment restait médiocre.*

*Ouled-Naïl tatouées et mitrées, fines Mo-
risques au teint d'ambre, beautés trop fon-
cées du Congo, juives de Tunisie trop
grasses sous le caleçon collant que ponctue
un gland d'or, toutes, avec plus ou moins
de verve et d'entrain, exécutaient la danse
du ventre; et c'était un spectacle obsédant
à la fin que tant de ventres, gras ou mai-
gres, qui sans motif bien déterminé se tor-
tillaient ainsi, solitaires!*

*Je dus voir encore, rue du Caire, une
almée esquissant quelques pas plus ou moins
gracieux, et gardant sur la tête, dans une
bouteille, une chandelle quand même allu-
mée, des derviches tourneurs qui tournaient, tournaient, œil extatique, bras
tendus jusqu'à ce que le bas de leur cafetan
égyptien s'arrondit, gonflé de vent, comme
un jupon blanc de danseuse; mais tout cela
n'était pas la danse telle que la comprit
Antoine Arène.*

*Aussi est-ce avec une joie comparable à
celle du voyageur, entendant soudain crier
« terre! » après une longue et monotone*

navigation, que, aux environs de la Tour Eiffel, dans un bourdonnement de guitare, dans un cliquetis sec des castagnettes, je lus cette engageante affiche : Gitanas de Grenade avec leur capitan.

Les mains claquent, on pousse des « ollé! » une gitana se dresse et danse.

Elle danse, hélas! presque du ventre... Serions-nous encore en Afrique?

Mais non! Nous sommes en Europe. Voici l'enragée Macarona, voici Soledad ingénument voluptueuse...

Ce spectacle m'avait tout de même un peu débarbouillé l'âme.

Pour me remettre tout à fait, je pris, jusqu'à Saint-Cloud, le chemin de fer du bord de l'eau. Les cascades jouaient, le parc était en fête. Devant la baraque en toile d'un saltimbanque, sur l'estrade où se fait la parade, d'assez jolies filles en maillot rose, souriantes, le geste arrondi, improvisaient une manière de ballet.

Cela manquait un peu de style, — tout le monde n'a pas suivi la classe de danse! — et les pauvrettes auraient eu, Madame, quelque peu besoin de vos leçons, mais l'effet n'en était pas moins charmant parmi la gaieté des feuillages. A côté, se régalant gratis des miettes de musique emportées par la brise, des couples d'amoureux pirouettaient, les pieds dans l'herbe. Et, songeant au bon Provençal, excellent Français par surcroît, qui fut peut-être mon lointain ancêtre, je ne pus m'empêcher de soupirer, en latin macaronique cette fois : — O beata Francia! O bragardissima Provincia, quæ es patria plena bonitate, castitate et sanctitate!

Devise admirable, qui constate, Madame, dans un lointain de quatre cents ans, en quelle estime nos aïeux, et les saints aussi, tenaient votre art, l'art de la Danse.

PAUL ARÈNE.

PRÉFACE

A Mademoiselle X...

MADEMOISELLE,

Bien que vous ayez huit ans à peine et que vous
soyez haute à peu près comme l'archet de votre
maître à danser, je vous tiens pour une personne
raisonnable et d'esprit avisé, plus soucieuse assuré-
ment de s'instruire en son art que de confectionner
des robes à sa poupée ou de s'en aller jouer, avec
les petites du quartier, à « Ma Tante-Tire-lire-lire. »

Souffrez donc que je vous adresse, avec cette
amicale épître, le beau livre que voici. C'est un
ouvrage sur la Danse au Théâtre, écrit par l'une

de vos aînées qui, bambine comme vous, fut ce que vous êtes et plus tard — au prix de quels efforts ! — est devenue ce que vous rêvez de devenir : premier sujet de la danse en notre Académie nationale de musique. Vous aurez grand plaisir à le feuilleter et plus grand profit à le lire. Il est de ces conseillers aimables et sûrs dont on a vite fait des amis. On l'aurait appelé gentiment, jadis, un « livre de chevet ».

Ce qui vous plaira d'abord en lui, mademoiselle, c'est qu'il va vous sembler, en le parcourant, que l'auteur l'ait écrit tout exprès pour vos compagnes et pour vous. Alors même en effet, qu'il traite de questions didactiques, en termes précis et probants comme ceux d'un théorème, il garde encore, sous le pimpant habit dont Forain l'a paré, l'air simple et bon enfant d'un livre pour les petits.

Il n'a pas le ton dogmatique et la pédante allure d'un manuel de classe, il n'est pas prétentieux et solennel ainsi qu'un traité d'Académie. Chacune de ses démonstrations techniques a pour voisin de page, en façon de figure explicative, un dessin du peintre Dousdebès exact et savant autant que cette démonstration même, attirant et curieux à l'égal d'une belle image. Tous les Exercices et toutes les Positions de la danse y sont méthodiquement représentés de la sorte par une série de figurines expressives et vivantes, pour lesquelles ont posé — je vous le dis entre nous ! — quelques-uns des premiers sujets de l'Opéra.

Un historique de la Danse, intéressant et bien documenté, sert d'introduction à l'ouvrage. Mademoiselle, je vous exhorte à le lire. Il vous instruira davantage, et vous amusera, pour le moins, tout autant, que tel ou tel de ces volumes à reliures dorées dont, quand vient le temps des distributions de prix, les directrices de pensionnats de demoiselles vont s'achalander au « Liquidez-moi ça » des bibliothèques enfantines, et qu'elles répartissent ensuite, au prorata des mérites, entre toutes leurs élèves, en laurant, avec solennité, leurs fronts virginaux d'une couronne vert-pissenlit.

Vous y verrez que, comme les Carabosse et les Urgèle des contes de fées, la Danse est si vieille, si vieille, qu'on ignore son origine et qu'il faut la faire remonter aux premiers temps de l'humanité. C'est, du moins, l'opinion de notre auteur; car il y a, paraît-il, controverse sur ce point. L'occasion n'étant pas bonne à controverser ici, remettons à plus tard, s'il vous plaît, de rechercher ensemble si l'homme primitif a dansé, ou s'il n'a pas dansé, dans l'ombre de ses cavernes.

Ce que, pour le moment, je vous invite à croire avec moi, c'est que depuis des cents et des cents ans l'on dansait sur terre, alors que les fils de Noé, patron des buveurs, exécutèrent, autour de leur père endormi, cet irrévérencieux cancan qui nous a valu, tout simplement, la diversité des races.

L'on y dansait encore à l'époque ou le roi David se livrait, en avant de l'Arche Sainte, à ce sensationnel cavalier seul dont les historiens sacrés nous ont pieusement transmis le souvenir. L'on y dansait aussi au temps où, par les bois et les vallées de la Thrace les assassines Ménades, au rythme cadencé de leurs chants vainqueurs, promenaient la tête sanglante d'Orphée, le chantre divin dont la voix adoucissait les fauves et glissait un frisson jusqu'au cœur glacé des chênes, cependant que, pour l'écouter, la brise s'arrêtait de bruire, les ruisseaux de couler, les oiseaux de chanter sous les branches, et que les fleurs des prairies, pour le regarder passer, ouvraient leurs corolles toutes grandes.

Vous verrez encore dans ces *Propos*, mademoiselle — et votre orgueil professionnel va s'en trouver justement chatouillé — que, de tous temps, la danse fut, chez nous, en grand honneur ; que le ballet, notamment, devint dès son apparition en France un divertissement de Cour prisé si haut et si recherché que les reines et les rois ne dédaignaient pas d'y tenir leur partie, et que Louis XIV, à qui le génie des poètes et des écrivains, le talent des artistes et l'habileté des hommes de guerre de son temps ont valu d'être appelé le Grand, avait été, du temps que sa grandeur ne le retenait pas au trône, un très agréable danseur. Enfin vous y apprendrez, mademoiselle, que durant une bonne moitié du XVIIIe siècle — ce

siècle de fêtes et de plaisirs, vicieux adorablement,
spirituellement frivole et d'une exquise perversité,
qui marque l'épanouissement le plus complet et
la plus glorieuse floraison de la danse au théâtre
— trois femmes, de par l'unique pouvoir de leur
talent et de leur beauté, ont régné despotiquement
sur les esprits, sur les cœurs et sur les âmes, con-
traignant les plus rebelles et les plus fiers à plier
devant elles, disposant, comme il leur plaisait, de
la fortune, de l'honneur et même de la vie des
gens, éblouissant et réjouissant Paris par l'éclat de
leur luxe et par la folie de leurs prodigalités, avec
cela bonnes filles, aimant les beaux vers et se-
courant les pauvres, et que ces trois femmes
étaient trois danseuses, la Camargo, la Guimard
et la Duthé.

Tout cela, mademoiselle, est très alertement
conté dans un style clair, aimable sans afféterie
et simple jusqu'à la grâce. On voit que Mme Berthe
Bernay s'est résolument, de tout cœur, entreprise
à son œuvre et que, maîtresse de son sujet, sûre
de son expérience et de son savoir, elle l'a menée
tambour battant, bien décidée à ne pas s'en
laisser distraire, évitant toute digression qui l'aurait, fut-ce un instant, détournée de son but, se
gardant, avec une rare modestie, d'attirer l'attention du lecteur sur sa personnalité.

Et c'est merveille, en vérité, de voir comme
tout est, en ce livre, ordonné sagement, logique-
ment et méthodiquement réglé, comme chaque

argument y est en sa place, avec quelle perspica-
cité les recherches indispensables à sa préparation
ont été dirigées. Il faut être écrivain de métier
pour savoir à quelles investigations patientes, à
quels prudents travaux, vous oblige l'exécution
d'un livre où l'érudition, la critique et la science
ont leur part également ! Que d'ouvrages à consulter ! Que d'opinions et que de contradictions
l'on y rencontre ! Avec quel scrupule et quelle
attention il en faut exercer le contrôle ! Et
comme, sa provision faite, on se trouve encore hé-
sitant, incertain, presque intimidé, devant la page
blanche !

Et la chasse au document ! L'indispensable
document qu'on veut, qu'il faut découvrir et
qu'on découvrira, après lequel on court, bous-
culant les passants, troublant le sommeil des bi-
bliothécaires, forçant la porte des collectionneurs,
qu'on croit tenir et qui fuit devant vous, comme
l'oiseau de la nouvelle de Méry, *La Chasse au
Chastre*, lequel, de vol en vol, et toujours prêt de
se laisser atteindre, entraîna si loin son chasseur
que jamais plus on ne les revît l'un et l'autre.

— Vous vous étonnez, nous disait Mme Berthe
Bernay qu'une petite danseuse à qui l'étude et
l'exercice de son art n'ont guère laissé de loisir,
qui, depuis l'âge de sept ans, n'a connu qu'un
souci, n'a caressé qu'un rêve : être une artiste
pour de vrai, se soit mise en tête un jour d'écrire
— à ses moments gagnés bien plus qu'à ses mo-

ments perdus ! — un livre sur la Danse, et qu'elle
y soit parvenue. Ce livre, c'est l'amour profond
que j'ai de mon métier qui me l'a fait entreprendre. J'ai dû, l'an passé, quitter l'Opéra ; ça
été un gros crève-cœur. On ne renonce pas, sans
qu'il vous en vienne un peu de chagrin, à ce qui
fut, pendant vingt-six ans, le principal objet de
vos joies et de vos peines ! Le coup avait porté
rudement. « Puisque te voilà condamnée à ne plus
danser, me suis-je dit, il ne te reste plus qu'à
tâcher d'apprendre à bien danser aux autres. » Et
je me suis mise à la besogne. Le jour, je courais
les bibliothèques, le soir je travaillais à mon livre.
Oh ! ce livre ! Il m'a causé bien du tracas, mais
que de fois il a distrait mon ennui et comme il
m'a souvent réconfortée ! Pendant que j'écrivais,
je dansais en dedans. C'était encore danser.

Certains mots insignifiants dans leur apparence
révèlent cependant, à qui sait les entendre ou les
lire, une douleur dont on n'est pas guéri, un regret
qu'on endure encore. Ils sont comme la plainte
inconsciente d'un cœur blessé.

Comme nous nous taisions, un peu remués au
fond de nous par la douceur résignée de ces regrets,
rompant le silence :

— Marquez-nous, lui dis-je, le *Pas de la
Poupée* de *Coppelia*; ce sera toujours danser.

D'abord elle se fit prier, mais Gibert, le musicien délicat et le fin chanteur, s'était mis au
piano. Il attaqua le motif. Alors, sans quitter son

fauteuil, avec une sûreté de mémoire admirable, une science impeccable du rythme et de la mesure, une très subtile perception de la pensée du musicien, elle exécuta sur ses genoux, au moyen de ses deux mains, la scène entière. Et pendant que ces mains, merveilleusement agiles et savantes, figuraient les mouvements et marquaient les attitudes et les variations, le visage, étonnamment mobile, exprimait tous les sentiments de l'héroïne. Au début, visage de poupée immobile et morne; ensuite, visage de femme, étonné, souriant, mutin, attendri tour à tour, où se reflétaient tous les caprices d'un esprit et tous les états d'une âme.

Charmés, surpris, nous applaudissions; mais elle, le cœur un peu gros :

— C'est égal, nous dit-elle, ce n'est pas ainsi que j'avais rêvé de danser *Coppelia!*

GUSTAVE GŒTSCHY.

LA DANSE AU THÉATRE

AU DIX-NEUVIÈME SIÈCLE

Je ne me dissimule pas les difficultés de la tâche que j'ose entreprendre. Si quelque chose pouvait m'encourager et m'autoriser à la poursuivre, c'est la rareté des ouvrages pratiques et élémentaires, traitant de la *Danse au théâtre*. J'ai fouillé dans bien des bibliothèques et parcouru bien des documents. Quel a été, en vérité, le fruit de mes recherches? La découverte, au milieu de bien des livres, *pour les élèves de la danse,* d'une utile publication que je leur conseille de consulter : le *Manuel de la danse* de Blasis et Lemaître, qui fait partie de la collection Roret. Et, *pour les professeurs,* je signale celle du célèbre « maître à danser » Noverre : *Lettres sur les Ballets et sur la Danse.*

J'ai donc droit à l'indulgence de tous ceux qui voudront prendre la peine de parcourir mon travail. Peut-être y découvriront-ils quelques détails intéressants. Quoiqu'il en soit, ils pourront aisément se convaincre que j'ai apporté dans cette étude tout le soin possible avec le fruit de mon expérience de *premier sujet de la danse à l'Académie nationale de musique et de danse.*

DES ORIGINES DE LA DANSE

On a trop écrit sur la Danse, en général, pour que j'essaie d'entasser ma petite érudition sur celle de tant d'autres plus autorisés que moi à traiter ce sujet.

Tout au plus hasarderai-je quelques mots pour déclarer, avec une entière conviction, que la musique et la danse sont « sœurs jumelles » et que « la danse est un dérivé du son. » J'ai lu aussi quelque part qu'elle est « une musique dont la poésie est la prose. »

Dans le *Dictionnaire* de Charles Compan que j'ai pu consulter à la Bibliothèque de l'Opéra, grâce à l'obligeance habituelle de l'éminent bibliothécaire M. Nuitter, j'ai trouvé une définition de la danse qui m'a particulièrement plu. Elle est du baron Massias : « Le chant est la parole de la musique et la danse est le geste du chant. »

Voilà qui est parfaitement exact et, ma foi, fort spirituellement dit.

Mais je reviens au chant et à la danse et à leurs éclosions simultanées.

On a dû chanter et danser de tous temps et chez tous les peuples. N'ai-je pas découvert — *d'après Moïse* — oh ! les savants ! que Jubal, de la famille de Caïn, fut l'inventeur de la musique. Je n'ai pas approfondi, bien entendu, sur quoi s'appuie ce dire du grand Prophète. Je ne puis davantage révéler qui a recueilli cette déclaration si précise et comment elle est parvenue jusqu'à nous. Il m'est plus simple d'y croire. — J'y crois.

Quant à l'origine de la danse, il paraîtrait qu'il y a doute. Ceci est plus grave !

Burette, le célèbre antiquaire, a publié, au commencement du siècle dernier, sur ce point, les informations suivantes :

« On n'est pas d'accord, dit-il, sur le
« nom et le pays de ceux dont les Grecs
« reçurent les premières leçons de cet
« exercice (la danse). Lucien attribue son
« invention à Théa qui l'apprit à ses prê-
« tres en Phrygie et dans l'île de Crète.
« D'autres supposent qu'on la doit aux
« Romains, ou, au moins, qu'ils la perfec-
« tionnèrent... »

Ces citations que j'ai fidèlement copiées, suffiront, je l'espère, au lecteur. Que la tradition des origines de la danse ne remonte pas plus haut que les Grecs ou les Romains, peu importe.

Les Indiens, les Perses, les Égyptiens, les Juifs ont dansé. Amphyon, Orphée, le roi David ont dansé. Les Athéniens ne pouvaient se passer de la danse. Platon y excellait. Socrate apprenait à danser à Aspasie.

Quoiqu'on pense, quoiqu'on dise de la musique et du chant, il est une chose indéniable : c'est l'influence instinctive du rythme se faisant également sentir sur les hommes et sur les animaux. Certains racontent que cette influence s'exerce d'une façon très marquée, j'allais dire très naturelle, sur les caravanes en marche : « Sous les ardeurs brûlantes du soleil, en « butte avec la soif dévorante, l'Arabe « trouve dans le rythme de ses chants « la force de la lutte et le repos de ses « fatigues. Il soutient aussi bien, dans « sa marche lente et cadencée, l'animal « dont il a fait son compagnon de « route. »

J'ai ouï-dire que les Égyptiens avaient des chants consacrés aux divers travaux. Et de nos jours, combien d'ouvriers s'aident, en chantant, pour accomplir des tâches pénibles?

En résumé : La danse — aussi bien que la musique — ont existé de tous les temps et chez tous les peuples.

Mais la *Danse au théâtre* est un art qui mérite d'être spécialement étudié. C'est à cette étude que je vais me livrer.

LA DANSE AU THÉÂTRE

L'art de la danse au théâtre est peu connu. Aux yeux inexpérimentés des spectateurs, la *femme* prime le plus souvent l'*artiste*. C'est celle-là que le public applaudit souvent plus que celle-ci. Aussi bien il ne se doute pas, hélas! de tout ce qu'il lui a fallu d'efforts, de travaux, pour arriver seulement à se présenter sur la scène devant lui.

Que d'années dépensées, que de misères accumulées pour pouvoir occuper une petite place!

On a écrit beaucoup de choses fantaisistes, presque toutes également erronées, sur la façon dont on formait jadis une dan-

seuse. On a parlé de tortures subies par
les enfants pour assouplir le corps, pour
briser les pieds. Entr'autres choses on
a été jusqu'à affirmer que ces derniers
« étaient placés dans des boîtes en bois » ;
qu'on arrivait ainsi à « *briser* les cous-de-
pieds » pour leur permettre plus tard de
faire des *pointes*.

D'autres, pour expliquer les pirouettes
sur les *pointes*, ont été jusqu'à prétendre
que la danseuse posait celles-ci sur des
petits ronds placés dans le plancher même.
Que sais-je encore ?

De tout cela, il faut rire ou mieux sourire. C'est le travail qui brise les membres
et qui leur donne la souplesse voulue.
Voilà la vérité.

Enfin, ce sont des exercices commencés
par l'élève, à l'âge précoce de 7 à 8 ans, qui
en font un jour *une artiste*, si elle a toutefois, pour cela, les qualités nécessaires.

Qu'il me soit permis, à l'appui des lignes qui précèdent, de parler de ma modeste personne et de la carrière que j'ai parcourue à l'Académie nationale de musique et de danse.

Cet exposé, si personnel qu'il soit, justifiera d'abord, je l'espère, d'une certaine somme de compétence de ma part dans l'œuvre que j'ai entreprise. En tout cas, il ne sera certainement pas sans provoquer, au profit de toutes celles qui se vouent à l'art si ingrat de la danse au théâtre, un intérêt mérité.

Un homme de cœur, puissant, interviendra peut-être pour dire aux législateurs qui s'occupent du travail des enfants employés dans l'industrie, qu'il y a, à côté de ceux pour lesquels ils votent des lois secourables, d'*affreuses misères* — le mot n'est pas exagéré — qui, pour être ignorées du plus grand nombre, n'en frappent pas moins d'autres enfants aussi dignes au

moins d'être secourus que ceux-là à qui le
gouvernement a accordé une protection, si
juste d'ailleurs.

C'est l'historique scrupuleux et navrant
des débuts de *la danseuse* que je vais retra-
cer ici en faisant le récit de ma carrière
même, depuis l'origine, sans commentaire,
et surtout sans amertume à l'égard de qui-
conque, car je n'ai été ni plus ni moins favorisée que celles qui ont été, pendant de longues années, mes compagnes et mes amies.

J'avais 7 ans, le 7 avril 1863, quand à la
suite de la visite médicale obligée, j'ai
obtenu de faire mes études de danseuse
à l'Opéra.

Mes parents, gens médiocrement fortu-
nés, habitaient Belleville, au haut de la rue
du Faubourg-du-Temple, aujourd'hui près
des Buttes-Chaumont. Presque toutes mes
petites compagnes, je pourrais dire toutes,
habitaient aussi avec leurs parents à égale

distance de l'Opéra, dans des quartiers du même genre.

J'avais l'âge de sept ans, ai-je dit. Ma mère me réveillait, pour aller à mon travail, à sept heures et demie du matin — hiver comme été — et comme, à cette époque, les leçons se prenaient rue Richer (au dépôt des décors) il me fallait partir du logis de façon à être en danse, avec mon costume, à *neuf heures précises!*

Il va sans dire que les trajets en omnibus n'étaient pas à la portée de mes petits moyens. Je devais les faire à pied ! Et quels trajets ! Le lecteur en peut facilement juger.

La leçon du matin durait de neuf heures à dix heures et demie. Après ce travail, je changeais de costume et je retournais alors trouver mon petit déjeuner, à midi.

Pourtant il n'était pas sûr toujours que j'en fûsse quitte pour ma leçon. Je n'avais pas chaque fois le bonheur de regagner si tôt mes hauteurs !

Il y avait les jours encore fréquents où il me fallait assister aux répétitions, à l'*Opéra même*, car les jeunes élèves comme moi étaient employées à la figuration. En ce cas, je déjeunais rue Richer, avec ma mère, de la modeste pitance que nous emportions dans notre panier (ce panier, je ne l'ai jamais oublié !) et nous allions assister, rue Drouot, à la répétition qui se prolongeait jusqu'à deux heures.

Alors seulement j'étais libre... de refaire un voyage à Belleville. Puis, quand, le soir, je devais figurer au théâtre, nous *descendions* de nouveau, afin d'être à l'appel à huit heures, rue Drouot.

Enfin lorsque l'ouvrage dans lequel je figurais finissait à minuit, je me remettais en route à cette heure. Alors ma pauvre mère me *traînait* littéralement à son bras, et nous arrivions harassées à *une heure du matin* au logis où mon père nous attendait.

Nous dormions à la hâte et nous repartions pour la classe, rue Drouot, le lendemain matin, à huit heures !

Mais je gagnais *un franc* de feux ! pour la répétition et de même pour la figuration du soir.

J'ai fait ce métier, *à ce prix, dans ces conditions*, depuis l'âge de sept ans jusqu'à celui de treize. Pas d'appointements fixes !

Ah ! que j'eusse été autrement favorisée si j'avais été employée dans une manufacture, par exemple. L'État se serait occupé de moi !

Il aurait exigé pour moi une rémunération quelconque ; il aurait réglé mon temps de travail, il aurait songé à mes vieux jours ! Il aurait prévu, à mon profit, le cas où, presque estropiée comme je le suis, à force de fatigues, par mon métier, j'aurais été obligée de me créer des ressources quelconques pour vivre. Il m'aurait ménagé à coup sûr, pour faire mon travail d'apprentie, plus de deux paires de chaussons en *toile grise* par an, un mètre de *coutil blanc* pour mon corsage, et cinq mètres de mousseline pour mes jupons de danse. Que je serais heureuse, si un législateur, bon père de famille, lisait par hasard ces lignes et se rendait compte de la façon dont certains enfants peuvent être exploités encore de nos jours, dans notre pays de civilisation et de liberté!!

Et veut-on connaître les états de services d'une danseuse qui a occupé les *premières places* pendant *plus de dix ans* de sa carrière de *sujet de la danse?*

Veut-on savoir la récompense des services de cette danseuse pendant vingt-six années, durant lesquelles elle n'a pas mérité un seul reproche de ses chefs, pendant lesquelles elle n'a jamais encouru ni punition ni amende?

Cet exposé que je prie le lecteur de vouloir lire avec bienveillance est instructif, car il est celui que pourraient faire les trois quarts de mes camarades.

De 1863 à 1869. — Élève SANS APPOINTEMENTS FIXES.

1869 Engagée par M. Perrin dans le deuxième quadrille à . . .	600 fr.	par an
1869 (Juillet) à la suite de l'examen.	700	—
1870 Direction Halanzier (sans passer par les 800 fr. habituels).	900	—
1872 (Premier quadrille)	1.100	—
1873 —	1.100	—
1874 (Première coryphée).	1.200	—
(Malade en 1875.)		
1876 Nommée petit sujet. 1.500 1.800	2.000	—
1879 Petit sujet, 4.000	6.000	—
1881 Direction Vaucorbeil (sans transition), 6.400	6.800	—
1885 Premier sujet.	6.800	—
1887 (Premier sujet) Direction Ritt et Gailhard . .	5.200	—
1888 — (sans transition)	3.000	—
1889 —	3.000	—

Ainsi, après vingt-six ans de travail — et quel travail! — je me suis retirée, pouvant à peine me servir de mon pied droit pour marcher, ne gagnant plus que 3,000 francs par an (après avoir eu jusqu'à 6,800 francs), *bien qu'ayant conservé jusqu'au bout mes places et mon emploi.*

C'est le directeur seul qui en décide ainsi. Et nulle n'a le droit de lui en vouloir. C'est à l'État qui fait du directeur de l'Académie nationale de musique et de danse un simple entrepreneur défendant ses écus et son nom, c'est à l'État seul, qu'incombe la responsabilité d'un régime si honteusement arbitraire et inique.

Je termine en me demandant comment on a pu recruter et comment on peut recruter encore le corps de ballet !

Et qu'on ne croie pas, au moins, que l'emploi d'une danseuse ait jamais été bien rétribué, si ce n'est par certaines directions : celles de MM. Halanzier et Vaucorbeil. M. Halanzier se remboursait avec le

Grand escalier, et **M.** Vaucorbeil avec ses commanditaires.

Au siècle dernier, les étoiles avaient 2,500 à 3,000 livres. Il est vrai que cela équivalait au moins au double d'aujourd'hui.

Je soumets ces observations aux méditations de tous les gens honnêtes, et je n'ajoute plus un seul mot à ce chapitre, dont les détails apparaîtraient trop répugnants s'ils étaient révélés.

A bon entendeur, salut!

DE LA DANSE AU XVIIIᵉ SIÈCLE

S'il y avait une Sorbonne de l'Opéra, il serait démontré, j'en suis certaine, que les interprètes de l'art de la danse sont supérieurs aujourd'hui aux interprètes du siècle dernier.

Je veux parler, bien entendu, de la *précision* dans la série des mouvements cadencés : pas et gestes qui se font sur des rythmes variés.

Cette conviction m'est venue en regardant les différentes poses de la danse au siècle dernier, tracées par Blasis, dans son intéressant ouvrage que j'ai fouillé avec soin à la Bibliothèque Nationale, et en lisant ce qu'il a écrit à ce sujet.

J'ai observé néanmoins que les premières poses de l'élève étaient, à cette époque, exactement pareilles à celles qu'on enseigne aujourd'hui. Mais j'ai été aussi bien amenée à cette conviction que l'art de la danse, pris dans son ensemble, est plus perfectionné aujourd'hui qu'au siècle dernier. J'ai remarqué, par exemple, que la danseuse de Blasis représentée par lui *sur les pointes* n'est placée que sur ce que nous appelons maintenant la *demi-pointe*, tandis que nos *pointes* se font sur les extrémités des doigts. Il m'a semblé également que nos *adages* sont plus soutenus et plus élevés.

Cela dit, qu'est-ce qui a fait le succès de la Camargo, de la Sallé, de la Thévenin, par exemple? Je ne parle pas de leur esprit, du charme incontestable et exceptionnel de leur personne. Mais à coup sûr, leur renommée de danseuse provient surtout de ce que leur danse était faite de grâce, de souplesse, d'élégance, je veux dire de *corps* et de *bras*. Les jambes étaient, à proprement parler, pour elles, un élément secondaire dans leur art, bien qu'on ait dit merveille des *entrechats-quatre* battus par la Camargo en 1730, c'est-à-dire trente ans après que Mlle Lamy avait déjà battu des *entrechats-six*.

Ce qui me fait faire ces suppositions, c'est que je me suis aperçue, en examinant les gravures du temps représentant les danseuses, qu'elles portaient des jupes longues. Or, avec de pareils vêtements, il ne me semble pas possible de faire des *cabrioles enlevées en attitude,* ou *en arabesque* ou autres poses diverses. Comment, en effet, faire de telles *pirouettes* avec des jupes longues?

Une danseuse, pour atteindre la perfection, en exécutant les pas et poses de notre époque, doit être absolument libre de ses mouvements. Et, sans offenser la mémoire de la Camargo, qui a la réputation de partager avec Taglioni le sceptre de la danse, je doute qu'elle ait jamais exécuté, quoi qu'en disent les chroniqueurs du temps, les pas *superbes* de cette dernière, voire ceux de deux de mes camarades de talent Fonta et la regrettée Fatou. Je doute qu'elle ait jamais atteint à la finesse des jambes de Zina Mérante et de Beaugrand, à la maëstria de Sangalli, et à l'*endiablement* de Mauri.

La danse des artistes du siècle dernier était surtout la *danse de corps*, de là les noms de *danses basses*, *danses terre à terre*, le plus souvent exécutées par elles, et que je nommerais plutôt, moi, *danses de caractère ;* ce qui n'empêchait pas, bien entendu, les *danses nobles* et les *danses par en haut*, avec *sauts* et *cabrioles*. Mais, je le répète, ces dernières étaient moins perfectionnées que de nos jours, pour les raisons que j'ai indiquées ci-dessus.

Puisque je fais l'éloge, très mérité du reste, des mouvements des bras et du corps des anciennes danseuses, je dois dire, par contre, que les danseuses de nos jours les négligent beaucoup trop, ce qui est un très grand tort, à mon avis. Je ne saurais assez le répéter à certaines artistes qui ont d'excellentes jambes et que leurs mauvais bras rendent absolument disgracieuses.

Comme complément à ce que j'ai écrit sur les inconvénients des jupes longues et pour confirmer une fois de plus mes appréciations, je dois signaler le port du pantalon que le maillot a avantageusement remplacé.

Cependant la Camargo se servait, dit-on, d'un maillot, mais il était toujours recouvert de jupes longues tombant jusqu'au mollet. Nos jupes, au contraire, n'atteignent qu'au genou. En Italie, elles sont encore plus courtes, elle descendent à mi-cuisse, ce qui est peu décent et fort disgracieux.

Mais aussi bien, au siècle dernier, pour danser la Gavotte, la Chaconne, etc., danses de cette époque, les danseuses portaient des « paniers ». Si bien qu'un soir, dit une chronique « une certaine Mariette voyant ses jupes et ses *paniers* enlevés, offensa les yeux des spectateurs pudibonds ! »

Comment aurait-on pu exécuter nos pas de danses avec des paniers?

Je le répète ; La danse du corps, danse de charme et de séduction, était la véritable danse d'autrefois, celle qui valut tant de euccès aux Guimard, Sallé, Duthé, Camargo et autres.

Pour enlever à cet ouvrage l'aridité que lui donnent un peu trop de descriptions et d'énoncés techniques, je vais me permettre de rappeler, en peu de mots, les succès des célèbres danseuses qu'Arsène Houssaye nous a fait connaître dans son livre charmant : *Les femmes du temps passé.*

Je doute fort que la Camargo fut supérieure à Mlle Mauri, sa compatriote comme danseuse, mais à coup sûr elle devait avoir... une séduction exceptionnelle, irrésistible, qui la fit distinguer, toute jeune, par la princesse de Ligne et devenir, sous son patronage, la danseuse que l'on sait ?

A quelle ravissante anecdote donna lieu l'engagement de cette fille d'ivrogne, plein d'une morgue castillane désopilante ! « Danseuse ! la fille d'un gentilhomme grand d'Espagne ! » s'écriait-il, indigné des projets de la princesse. Et celle-ci de lui répondre : « Déesse de la danse, si vous voulez ! » Elle le fut. Le père en profita.

Quel modèle de père !

C'est lui, qui, apprenant l'enlèvement de

ses deux filles par le comte de Melun, et se drapant dans sa cape de cuistre, adressait au cardinal de Fleury la requête suivante : — « Le suppliant espère qu'on lui fera rendre justice et qu'il ordonnera à M. le comte de Melun d'épouser sa fille ainée et de doter sa fille cadette ! »

Quels dédains ce don César de Bazan de coulisses n'eut-il pas eus pour M^{mo} Cardinal !

Quelle est, aujourd'hui, la danseuse qui pourrait aspirer à avoir pour peintres ordinaires, comme la Camargo : Lancret, Peter, Vanloo?

Et à laquelle Voltaire dédierait-il ce sixain :

> Ah ! Camargo, que vous êtes brillante,
> Mais que Sallé, grand Dieu, est ravissante !
> Que vos pas sont légers et que les siens sont doux,
> Elle est inimitable et vous êtes nouvelle,
> Les nymphes sautent comme vous
> Mais les Grâces dansent comme elle !

C'est la Sallé qui, dans une représentation, à Londres, fit monter la recette à 200.000 francs.

Et la Thévenin donc, qui mourait à 92 ans, laissant à l'État cinquante mille livres de rentes !

Et la Duthé, chez laquelle le comte d'Artois ne dédaignait pas de danser en compagnie des plus grandes illustrations du royaume!

Et la Guimard, « la volupté en personne », représentant à elle seule « les trois Grâces », disaient les chroniqueurs, ses contemporains ! Rivale de la reine, elle luttait de magnificence avec le roi dans son hôtel splendide de la rue de la Chaussée-d'Antin. Que dire de son palais de plaisir, à Pantin! Les comédiens du roi se faisaient honneur d'aller jouer chez elle ; son peintre ordinaire était Fragonard. David la reproduisait sur la toile, et le prince de Soubise lui apportait cent mille livres de rentes dans sa voiture.

Cela prouve-t-il que ces favorisées de la fortune du siècle dernier aient eu plus de talent que nos danseuses du jour, moins appréciées qu'elles? Elles en avaient certainement moins comme je l'ai dit, mais il est probable qu'elles avaient en plus..... quelque chose? qui attirait les princes, les grands seigneurs, les prélats, les abbés, les financiers et faisait d'eux leurs véritables esclaves. En un mot : elles savaient charmer! C'étaient de grandes dames.....

Parmi elles ne dédaigna pas de figurer la fille de Cornélio Bentivoglio, nonce du pape et promoteur de la Constitution du Clergé. On la désignait sous le sobriquet : « La Constitution », à cause de son père.

A titre de simple renseignement curieux à faire connaître, je vais mentionner les mariages célèbres de quelques danseuses :

Mlle Roland épousa, sous Louis XIV, le marquis de Saint-Geniès.

Mlle Quinault, devenue riche par suite des munificences de Samuel Bernard, et après avoir été la maîtresse du marquis de Nesles, épousa le duc de Nevers.

Mlle Groguet fut marquise d'Argens et Mlle Dufresne marquise de Fleury.

Mlle Sullivan épousa lord Crawford d'Anchimanes.

Mlles Le Duc et Grandpré furent, la première, marquise de Courvoy, la seconde, marquise de Senneville.

Enfin, Mlle Chonchon s'appela la présidente de Ménières.

J'en pourrais citer d'autres.....

A notre époque, les mariages de danseuses les plus en renom ont été ceux :

De Mlle Clotilde Mafleuroy qui a été Mme Boïeldieu, de Mlle Taglioni qui a épousé le comte Gilbert des Voisins, et ceux des deux sœurs Fanny et Thérèse Essler qui devinrent les femmes : la première d'un riche banquier prussien, la seconde du frère du roi de Prusse.

Je passe sans plus insister, car je m'écarte de mon sujet, et j'arrive à la mime et à la pantomime.

DE LA MIME ET DE LA PANTOMIME

J'ai trouvé, dans mes recherches, une définition du ballet qui m'a fort surprise. « En Sicile, ai-je lu, les *Danses pantomimiques* étaient appelées *balismo;* d'où paraissent venir les termes modernes de *bal* ou *ballet?* »

Qu'est-ce que la pantomime? Avant de m'expliquer sur ce point, je me suis demandé : qu'est-ce que la mime?

Ne sachant comment répondre à cette question, j'ai interrogé, j'ai feuilleté des livres et j'ai fini par être plus embarrassée après, que je ne l'étais avant de commencer mes recherches. Je me suis tout d'abord adressée à Charles Compan.

J'ai recouru à son *Dictionnaire de la Danse*.
Il confesse qu'il ne peut pas dire exactement la différence qui existe entre la mime
et la pantomime.

Pour rendre le lecteur juge de son embarras, et, par suite du mien, je vais
d'abord copier ici, textuellement, quelques-
uns des passages de son ouvrage relatifs
aux anciens personnages appelés *mimes* et
pantomimes.

Mimes. « Afin que les intermèdes des
« pièces de théâtre fussent agréables, les
« Grecs cherchèrent à les rendre intéres-
« sants. Après qu'un acte était joué, des
« danseurs le répétaient par des sauts et
« des gestes, et cela en suivant une cer-
« taine musique qui rendait l'imitation de
« ce qu'on avait représenté. Ces danseurs
« furent appelés *mimes*. On remarque que
« ces danseurs (?) furent toujours très

« ignorants dans l'art d'imaginer une
« intrigue, de la conduire, de soutenir les
« caractères et d'amener un dénouement.
« Par des gestes indécents, ils faisaient un
« mélange monstrueux de sottises burles-
« ques et de préceptes moraux. Ils avaient
« la tête rasée, les pieds nus. Ils se cou-
« vraient de peaux d'animaux et se bar-
« bouillaient le visage avec de la suie.....
« Ils ne s'attirèrent que le mépris. On les
« amenait aux festins quelquefois pour les
« faire fustiger. Ce personnage fut encore
« employé dans les funérailles et c'est ce
« qu'on appela *Archimime*. Il devançait le
« cercueil et représentait, par des gestes,
« les actions et les mœurs du défunt. . . .

. . . .

Pantomime. — « *Bouffon* (textuel) qui,
« par ses gestes et par ses danses, fait
« exprimer toutes sortes de choses. Il fai-

« sait des *rôles mimés* dans les intermèdes
« et *en dansant*. Il contrefaisait par des
« mouvements du corps tout ce que le
« chœur chantait. L'art des pantomi-
« mes est très ancien et il remonte au
« moins jusqu'au temps d'Eschyle. D'abord
« les pantomimes jouaient avec les acteurs
« des comédies, des tragédies et des satyres.
« Ils chantaient et dansaient. Mais dans la
« suite, ils furent un corps séparé et s'en
« tenaient à représenter par des gestes.
« Ce ne fut guère que dans le siècle
« d'Auguste que les vrais pantomimes
« commencèrent à paraître..... Après la
« mort d'Auguste, l'art de la pantomime
« reçut encore de nouvelles perfections...
« ..... Ce qu'il y a de plus extraordinaire
« dans l'histoire des pantomimes, c'est
« qu'ils aient été employés dans les festins
« à servir et à découper.

« Il y avait à Rome une espèce particu-

« lière de danse pour chaque service, et
« c'eût été choquer les bienséances que de
« laisser découper un poulet dans la même
« cadence qu'on devait employer pour
« découper un lièvre... »

D'après ces définitions de Ch. Compan,
on serait autorisé à croire que ces *mimes*
« gens méprisés, barbouillés, méprisa-
bles », n'étaient autres que ces « histrions »
dont on parle au temps du roi Théodoric
et « qui donnaient autant de soufflets et de
coups de bâton qu'ils débitaient de paroles
et qu'ils faisaient plus rire par les gro-
tesques mouvements de leur corps que par
les saillies de leur esprit. » Ces *mimes*
n'auraient donc été ainsi que des espèces
de gymnastes du genre des pitres que nous
voyons sur les tréteaux dans les foires.

Les pantomimes — mimes à l'origine
comme je viens de les dépeindre — se

seraient distingués de ces derniers sous Auguste, se montrant au public « décemment » *artistes*, « faisant les rôles mimés en dansant », devenant ainsi les prédécesseurs des Scaramouche, Dominique, Deburau, Legrand, etc..., en un mot les collaborateurs des danseurs dans les ballets, danseurs eux-mêmes le plus souvent? J'interroge sans trop oser me prononcer.

J'ai tenu à donner les citations qui précèdent pour faire excuser mon embarras quand je vais avoir à me prononcer moi-même. J'ajoute que M. Nuitter, que j'ai interrogé pendant que je cherchais à m'éclairer en parcourant la bibliothèque de l'Opéra, ne m'a pas paru bien plus fixé que Ch. Compan sur les *mimes* et les *pantomimes*.

La définition la plus accréditée sur la pantomime est la suivante : « L'art ou l'action d'exprimer les sentiments par des gestes et par des attitudes, sans le secours de la parole... »

Aussi mes idées se sont-elles troublées davantage quand j'ai lu la préface, signée Hippeau — écrivain érudit et compétent — d'une récente publication sur les panto-mimes de Gaspard et Charles Deburau.

Voici un passage que j'en retiens :

« La pantomime, dit-il, est la figuration
« des idées et des sentiments : C'est sur
« le visage, siège principal de leur expres-
« sion, qu'ils se manifestent significative-
« ment au spectateur. Les mouvements de
« la figure s'appellent mimes. »

M. Hippeau s'est sans doute souvenu que Lavater a justement écrit : « Le visage est le miroir ou plutôt l'expression som-maire des mouvements de l'âme. »

Mais alors que devient la pantomime à

l'époque où l'acteur paraissait devant le public, le visage masqué?

On sait que dans l'ancienne Grèce, vu l'immensité des théâtres, les acteurs, se trouvant dans l'impossibilité de se faire entendre, se livraient à des pantomimes expressives et que les spectateurs suivaient sur des livrets qui leur donnaient l'explication du drame représenté.

Certains auteurs ont même appelé, au siècle dernier, *mimodrames*, ces variétés de spectacles adoptés en France même.

Je ferai observer également que dans l'ancien temps, en Grèce, comme sous la royauté, en France, les acteurs dits pantomimes avaient le visage caché par un masque, ce qui enlevait à l'action une grande part de l'intérêt, puisque l'expression de leur visage était absente.

Il est vrai de dire qu'en Grèce, comme à Rome, les deux masques : *comique* pour exprimer la joie et *tragique* pour peindre la douleur remédiaient en partie à cet inconvénient.

Que devient, dès lors, la définition de M. Hippeau?

Je crois devoir rappeler ici que c'est à la célèbre Sallé que nous devons la disparition des masques sur le visage des *mimes*. C'est elle qui inspira au chorégraphe Noverre, Directeur de l'Académie royale de musique, en 1776, l'idée de faire mimer à figure découverte et à revêtir les costumes appropriés à leurs rôles. De la sorte, les passions exprimées par les acteurs conservent, quant à leurs caractères physiques, toute la valeur que leur veulent ou peuvent donner leurs interprètes.

D'après tout ce qui précède j'ai bien un peu, ce me semble, le droit de considérer comme parfaitement exacte l'affirmation d'un grand-maître de l'Université, Bernardin de Saint-Pierre :

« La pantomime fut le premier langage des hommes. »

Mais M. Saint-Marc Girardin a eu tort de dire que « la pantomime n'a pas un caractère national. »

C'est là, en effet, une erreur flagrante, à mon avis. La pantomime a des règles variables suivant les époques et suivant les peuples qui en ont fait et qui en font actuellement usage.

Est-ce que la pantomime si célèbre entre Arlequin et Colombine, est-ce que leurs démonstrations comiques n'ont pas un « caractère national? » Et le *Pédant ridicule*, de Bologne? Et le *vieux marchand avare* de Venise et le *Matamore espagnol* et les *Gelosi* ne sont-ils pas d'une espèce particulière?

En quoi ressemble aux Deburau, à Legrand, le Pierrot Anglais qui, suivant Baudelaire « arrive comme la tempête, tombe comme un paquet, et, quand il rit, fait trembler la salle. »

Rien n'a plus un « caractère national » que l'art de la pantomime.

Pour en faire la démonstration complète, j'emprunte à Plutarque la façon de comprendre la danse pantomimique :

Elle se composait, dit-il, de trois parties.

1° Le *pas* ou la *marche* représentant vivement une action ou l'expression d'un sentiment ; 2° la *figure* ou *attitude sculpturale* que prenait le danseur à la fin de la *marche ;* 3° la *démonstration*, c'est-à-dire la traduction des idées par le geste.

Il est évident que chaque peuple doit, suivant ses mœurs et surtout suivant son tempérament, composer les trois parties qui forment la danse pantomimique.

Dans la pantomime pourtant, il faut savoir distinguer le *naturel* de l'*artificiel*. Chaque acteur a ses gestes *naturels* pour exprimer, si je puis dire, les sentiments qui sont en lui, mais il en a d'*artificiels* pour exprimer ceux d'autrui qu'il est obligé de traduire. Ces derniers, plus particulièrement que les premiers, réclament l'étude et sont soumis à des règles déterminées.

En matière de pantomime, il y a encore, à côté du *naturel* et de l'*artificiel,* le *conventionnel.*

Je comprends dans le *conventionnel* une série de gestes successivement créés, adoptés au théâtre et qui ont été successivement consacrés par l'usage.

Ces derniers gestes doivent représenter les choses que le spectateur ne peut comprendre qu'à l'aide de son imagination, en un mot, tout ce qui comporte l'étendue et la multiplicité, comme : une fête, un mariage, un couronnement, etc., par exemple.

Mais bien que ce *conventionnel* soit chose admise, un « érudit » parmi tant d'autres (je regrette de ne pas retrouver son nom dans les notes que j'ai prises à la Bibliothèque de l'Opéra) a écrit : « La vraie pantomime n'a, Dieu merci, rien de commun avec ce genre de mimique affichant la prétention d'exprimer des idées abstraites... »

C'est le cas de dire : « Autant d'*érudits* autant d'opinions »... et je continue :

On prétend même que cette méthode *conventionnelle* était poussée si loin jadis, que les anciens *mimes* étaient parvenus à exprimer les temps passés et futurs et *les idées abstraites*.

Ainsi les Égyptiens, pour imiter le mouvement du ciel et des astres, avaient imaginé de se mouvoir en rond en allant de droite à gauche et de gauche à droite.

Un plaisant, en France, ne voulut-il pas faire *pantomimer* par Noverre le célèbre : *Qu'il mourût!* « de Corneille ».

Ce sont là des pantomimes inutiles pour

ce que nous appelons aujourd'hui l'exécution d'un *ballet*, comme on le règle à l'Académie nationale de musique et de danse et sur les grandes scènes de l'Europe.

Quelle que soit, d'ailleurs, l'opinion qu'on puisse avoir de la mime et de la pantomime, il est certain, comme l'a écrit Blasis que « la pantomime est sans contredit l'âme et le soutien du ballet », et j'ajoute avec lui que « c'est au peu d'attention qu'on prête à cet art et au manque de connaissances des compositeurs, qu'il faut attribuer les imperfections qu'on rencontre dans la plus grande partie de ces pièces appelées improprement *ballets* et qui ne se jouent qu'aux théâtres de premier genre. »

Il faut néanmoins observer qu'à l'époque où Blasis a écrit ces lignes, l'art de la pantomime était en pleine décadence. Il a, depuis lors, retrouvé des interprètes de premier ordre, comme je le ferai voir plus loin.

Il n'en est pas moins vrai que son observation est des plus justes.

Ce qu'il dit des compositeurs de ballets s'applique également aux auteurs de comédies, drames et tragédies.

La science de la pantomime leur est nécessaire à tous.

L'immortel Molière l'avait si bien compris qu'il ne dédaigna point de prendre des leçons du fameux Scaramouche. On en trouve la preuve dans les quelques vers que j'emprunte à la satyre de Leboulanger de Chalussay contre l'auteur de *Tartuffe*.

Chez le grand Scaramouche il va soir et matin
Là, le miroir en main, et ce grand homme en face
Il n'est contorsion, posture ni grimace
Que ce grand écolier du plus grand des bouffons
Ne fasse et ne refasse en cent et cent façons.

Et puisque je viens de citer Molière, j'ai été fort surprise d'avoir eu à constater

que le terme *pantomime* était pour ainsi
dire inconnu dans notre langue quand il l'a
fait prononcer par Cléonie, en 1760, dans
le premier acte (scène VI) des *Amants ma-
gnifiques.*

Ce personnage s'exprime ainsi, on s'en
souvient :

« Ne voudriez-vous pas, Madame, voir
un petit essai de gens admirables qui veulent se donner à vous? Ce sont des person-
nes qui par leurs gestes et leurs mouvements expriment aux yeux toutes choses,
et on appelle cela : *pantomimes.* »

Mais je reviens à la nécessité, pour les
comédiens, d'étudier la pantomime.

Charles Deburau affirme que « la rareté
des bons comédiens vient de ce que les acteurs ignorent l'art de la pantomime et ne
savent pas accorder leur physionomie et
leurs gestes avec les paroles qu'ils pronon-
cent » et Ferdinand Berthier dépeint avec

une vérité frappante l'intervention si fé-
conde, si nécessaire de la pantomime dans
l'œuvre du comédien.

« Il y a, dit-il, dans l'œuvre du comédien deux parties distinctes, quoique liées
et confondues ensemble. — Par l'une,
qu'on appelle *le débit*, l'acteur est, j'ima-
gine, l'écho plus ou moins fidèle des idées
du poète. Par l'autre, qu'on appelle *l'action*, le comédien devient artiste, inventeur. Il saisit l'esprit de son rôle et à cette
idée il donne des formes sensibles, un
corps, un visage, mais un corps réel
qui marche, qui agit, un visage vivant,
avec une âme qui s'y montre à nu,
avec ses douleurs, ses joies, ses craintes,
avec toutes ses passions, bonnes ou mau-
vaises. Cette idée du poète jaillit sous sa
forme humaine du cerveau du comédien ;
celui-ci s'incarne en sa création, et cette
création paraît devant vous, vivant de sa

propre vie, sentant de son propre cœur. L'auteur a disparu, je ne le vois plus, je ne songe même plus à le chercher ; je vois un homme d'un autre temps, d'un autre pays que l'art a dû évoquer à vos yeux. »

Encore un mot :

L'art de la pantomime est-il en progrès sur ce qu'il était aux siècles précédents, à partir du xviᵉ siècle, époque à laquelle les Italiens l'importèrent en France ?

Le progrès me semble incontestable, surtout depuis un demi-siècle !

Pour le démontrer, qu'il me suffise de citer parmi les grands artistes de la pantomime les frères Deburau et Legrand qui ont égalé au moins, s'ils ne les ont surpassés, les Scaramouche et Dominique.

Quelle artiste d'autrefois a été plus complète que la Montessu dans sa création de

Fenella, de la *Muette de Portici?* Que dire de la Taglioni dans le *Dieu et la Bayadère?* Que de fois j'ai entendu parler des effets électrisants que produisaient par leurs gestes, par les jeux de leur physionomie, les Mars, Rachel, Dorval, Déjazet... et enfin Talma. Et Faure et Mounet-Sully, dans *Hamlet!*

Qui a oublié les Duvernay, Legallois, Essler... et Frédérick Lemaître dans le *Vieux Caporal* et Bouffé dans la *Nuit d'Ingouville.*

Je ne voudrais pas oublier de citer des artistes que, moi-même, j'ai si souvent applaudis : Granzow, Salvioni, Eugénie Fiocre, Sangalli, admirable dans la *Source*, Sanlaville et enfin Mérante, Pluque et Hansen.

Mais je m'arrête, de crainte de me laisser entraîner hors du cadre restreint que je me suis tracé. Pour n'en pas dé-

passer les limites dans ce livre, je ne dirai
que quelques mots de l'introduction du
ballet en France, et j'arriverai le plus rapidement possible au ballet de nos jours,
dont je puis parler sans excès d'ignorance.

DU BALLET

C'est un Italien du nom de Baltarini qui, si je ne me trompe, à l'occasion du mariage du duc de Milan avec Isabelle d'Aragon, a introduit, en France, la mode du ballet, établie en Italie depuis 1489.

Le célèbre critique Fétis raconte qu'à l'origine, « nos ballets étaient empruntés à des sujets graves, mythologiques ou historiques. Les rois eux-mêmes ne dédaignaient pas d'y figurer, à côté des princes et des courtisans. »

Le premier ballet donné au Louvre, par Catherine de Médicis, en 1581, s'appela *Circé et les Nymphes*. Il dépassa en splendeur tout ce qu'on peut imaginer.

J'emprunte à Brantôme un passage de
la description de la magnifique fête donnée
à la Cour, par la reine Catherine, en l'honneur de l'arrivée des Polonais à Paris.

Le ballet fut dansé par « seize dames
ou damoiselles » dit l'écrivain célèbre, et
il ajoute :

« Ces seize dames représentaient les
« seize provinces de la France, et après
« avoir faict dans un roch le tour de la
« salle par parade, comme dans un camp,
« et après s'estre bien faict voir ainsi,
« elles vindrent toutes à descendre dans
« ce roch et, s'estant mises en forme d'un
« petit bataillon bizarrement inventé, les
« violons montans jusques à une trentaine,
« sonnans quasi un air de guerre fort plai-
« sant, elles vindrent marcher soubs l'air
« de ces violons, et par une belle cadence,
« sans en sortir jamais, s'approcher et

« s'arrester un peu devant Leurs Majestés,
« et puis, après danser leur ballet si bizar-
« rement inventé, et par tant de tours,
« contours et destours, d'entrelasseures et
« meslanges, affrontements et arrêts,
« qu'aucune dame jamais ne faillit se
« trouver à son tour ny à son rang ; si bien
« que tout le monde s'esbahit que, parmi
« une telle confusion et un tel désordre,
« jamais ne faillirent leurs ordres, tant ces
« dames avaient l'intelligence solide et la
« retentive bonne et s'étaient si bien ap-
« prises ; et dura ce ballet bizarre pour le
« moins une heure. »

Tout ceci est bien différent de ce qui se
passe aujourd'hui et de ce qu'on peut offrir
à des abonnés de l'orchestre !

Le ballet fut très brillant sous Louis XIII,
plus brillant encore sous Henri IV. Il attei-
gnit à son apogée sous Louis XIV pour dé-

croître et être très démodé sous Louis XVIII !

Mazarin goûtait fort ce genre de divertissement et c'est le poète Benserade qui composait les ballets de la Cour.

En 1765, certaines maisons professes des Pères Jésuites firent, dit-on, exécuter en France des tragédies avec chœurs et *ballets!*

Et, avant cette époque, sous Louis XII, les cardinaux Saint-Séverin et de Narbonne ne figurèrent-ils pas, au milieu de la noblesse, dans un bal solennel donné par le roi !

On se souvient que le grand roi avait seulement treize ans quand il fit ses débuts dans le pas de *Cassandre.*

C'est à lui d'ailleurs que la France doit la très célèbre confrérie des *Maîtres à danser*, qui fut comme le prélude de la création de l'Académie royale de musique et de danse.

C'est en 1658 (trois ans avant cette créa-

tion) que Louis XIV approuva et signa, par
lettres-patentes, les statuts de la communauté des *Maîtres à danser*, ayant à sa tête
un « Roi » nommé à l'élection qui s'appe-
lait du titre pompeux de « *Roi de tous les
violons, maîtres à danser et joueurs d'ins-
truments.* »

J'ai lu avec une curiosité extrême, à la
Bibliothèque nationale, l'historique de cette
communauté, qui a duré jusqu'en 1789,
et j'ai compris alors tout ce qui a pu être
dit sur la vanité ridicule et l'excessive
prétention de ceux qui en faisaient partie,
vanité qui a fait dire à l'un d'eux, Des-
préaux : « Qu'il était inconcevable de ne
pas voir un danseur à l'Institut. »

Vestris ne disait-il pas également : « Il
n'y a que trois grands hommes en France :
le roi de Prusse, Voltaire et moi. »

Et enfin un danseur, Marcel, mort en
1759, ne prétendait-il pas « reconnaître un

homme d'État rien qu'à sa manière de marcher ! »

Je le répète, ce fut en 1661, trois ans après la création des *Maîtres à danser*, que fut instituée l'Académie royale de musique et de danse.

Treize danseurs reçurent du Roi, tant pour eux que pour leurs enfants, les privilèges, sans lettres, de montrer « l'art de danser ».

Quinault, qui fut le premier Directeur de cette grande Institution, conserva à la danse ses formes, ses traditions... Mais il n'en fit que l'objet accessoire et il accorda ses préférences au récit.

Peu après, aidé par Lulli, il confia à des femmes les rôles exécutés jusqu'alors par des hommes habillés en travestis ; et c'est dans le ballet : *Le triomphe de l'Amour*, que, pour la première fois, figurèrent quatre danseuses sur la scène.

Après la dissolution de la communauté des *Maîtres à danser*, en 1789, l'art de la danse fut un peu délaissé. Sous la Révolution, des danseurs consentirent à figurer aux fêtes révolutionnaires, et l'on put voir Vestris danser à côté de MM^mes Pérignon et Adeline, costumées en religieuses!

Mais la rénovation de la danse, si je puis dire ainsi, après son éclipse presque totale, sous la Restauration, — éclipse due à l'hostilité que lui fit alors M. de La Rochefoucauld, — date surtout de 1827. La danse vit apparaître, à cette époque, cette étoile, presque sans rivale, qui s'appelle Taglioni!

Et je ne crains pas d'affirmer une fois encore que si, au siècle dernier, il y eut de grands artistes et maîtres, tels que Pécourt, Vestris, Duport, et des danseuses telles que Thévenin, Camargo, Sallé, Duthé, Aurore, Prévost, Guimard, les danseurs et les danseuses de la fin du XIX° siècle ne leur cèdent en rien. Il me suffit, pour le démontrer, de citer les Petitpa, Mazillier, Chapuis, Saint-Léon, Justament, Coralli, Mérante, Hansen, Pluque... et enfin les Taglioni, Essler, Cerrito, Emma Livry, Ferraris, Montessu, Marie Vernon, Fioretti, Granzow, Mourawieff, Zina Mérante, Beaugrand, Sangalli, Mauri, Fonta, Fatou, Subra... et j'en passe, parmi cette brillante pléiade, qui mériteraient d'être cités.

Sans trop m'égarer dans les détails, avant d'arriver à la *Danse* proprement dite, je veux dire aux *études de la Danse*, il me paraît nécessaire de faire un court examen de l'art chorégraphique.

DE L'ART CHORÉGRAPHIQUE

Je suis forcée de débuter par une critique. J'ai souvent entendu désigner généralement l'*Art de la danse au théâtre* par les mots de « art chorégraphique » ou, plus simplement, par le mot « chorégraphie ».

Cette définition ne m'a pas semblé exacte. J'ai recouru au Dictionnaire et j'y ai trouvé, au chapitre « chorégraphie » : *Art de composer, de noter, de diriger et d'ordonner des ballets et des danses.*

Au risque de paraître fort prétentieuse, je dois dire que tout ce que j'ai lu sur la « chorégraphie » m'a paru en contradiction avec les affirmations de certains écrivains fort compétents sur cette matière.

L'inventeur de la « chorégraphie » est un certain chanoine de Langres, Jehan Tabourot qui, sous le nom anagrammatique de Thoinet Arbeau, publia, en 1588, un ouvrage intitulé : *Archéosographie*, nom savant qui signifie qu'il y est traité de « chorégraphie ».

Or, les procédes de ce digne homme étaient fort simples. Ils consistaient en caractères divers, sortes de hiéroglyphes, donnant le dessin, très simplifié, de la chose qu'ils représentaient.

Cesdits procédés furent très longtemps les seuls en usage. Si je ne me trompe, c'est un « maître à danser », Beauchamp, protégé de Louis XIV, qui perfectionna la méthode de Thoinet Arbeau.

Il eut même, dit-on, un rival dans un autre « maître à danser », un certain Feuillet, qu'il accusa, devant les juges, de contrefaçon en « chorégraphie » pour avoir publié, en 1701, un livre : *Chorégraphie, ou l'art d'écrire la danse par caractères, figures et signes démonstratifs.*

Mais, depuis Beauchamp et Feuillet, de grands chorégraphes, tels que Mazillier, Saint-Léon, Petipa et Mérante, pour ne citer que ceux-là, ont singulièrement perfectionné cet art.

Une de mes camarades de grand talent, Mlle Laure Fonta, vient de publier, sur l'*Orchésographie,* précédée d'une notice sur les danses du xvie siècle, une réimpression très curieuse.

Il y a, à l'Opéra, une méthode fort simple pour apprendre les pas aux élèves. La présente image va me servir pour l'expliquer :

L'élève se place devant le professeur. Lorsque celui-ci a réglé, dans sa pensée,

un enchaînement de temps, soit d'exercices, soit d'adages, etc., il *marque* avec

LEÇON AVEC LES MAINS

ses mains en nommant les temps. Et l'élève
mime exactement ce qui lui est indiqué.
Après quoi, elle exécute avec ses jambes les

mouvements correspondants à ceux de ses mains.

C'est une façon de faire qu'on devrait bien mettre en usage pour les répétitions, et qui éviterait souvent une très grande fatigue bien inutile aux artistes.

L'image donne la pose indiquée par le professeur et répétée par l'élève, de la terminaison du *développé en quatrième ouverte*. Les deux mains droites, retournées et laissant voir les paumes des mains, indiquent la position *du dehors du pied en l'air*. Les mains gauches sont fixes et indiquent, soit la *première*, soit la *cinquième position*.

Il en est de même pour tous les pas.

C'est une très grande simplification, dont il n'est pas assez tenu compte, dans les études qu'on fait faire aux élèves, au détriment de leurs forces et de leur santé.

Quant à « l'art chorégraphique », c'est-à-dire à l'art d'*ordonner des ballets et des danses*, je n'aurai pas, certes, l'audace de chercher à mieux dire que Saint-Léon, qui a publié à ce sujet, en 1852, un livre à consulter la *Sténochorégraphie*.

M. MÉRANTE

ANCIEN MAITRE DU BALLET A L'OPÉRA

MÉTHODE

Mais, à toutes les méthodes réglemen-
tées par des écrits, je préfère la méthode
que j'ai vu employer par Mérante.

J'ai lu quelque part que le premier devoir d'un danseur est « de se rendre pro-
pice Mnémosyne et Polymnie sa sœur...
de cultiver sa mémoire et de la rendre uni-
verselle. »

Ce que j'ai pu souvent constater chez le
regretté prédécesseur de M. Hansen, à
l'Opéra, c'est qu'il avait été gâté par la
déesse Mnémosyne, car il possédait une
mémoire extraordinaire, un sens droit en
matière de chorégraphie et une inspiration

spontanée qui ont toujours fait mon admiration.

C'était un grand artiste, que complétait parfaitement un autre artiste moins en vue, et qui lui a rendu, dans l'exercice de ses fonctions, de grands et incontestés services : j'ai parlé de M. Pluque, le régisseur actuel de la danse, un pantomime hors pair !

Voici comment Mérante procédait pour monter un ballet.

Avant tout, il prenait connaissance du livret et s'en pénétrait bien. Il le détaillait scène par scène.

C'est alors qu'intervenait le musicien qui lui jouait sa musique — non réglée, bien entendu, — mais écrite dans le sentiment général de l'ouvrage à monter.

Quand il la possédait suffisamment, il s'accordait avec le musicien pour régler, scène par scène, le nombre de mesures nécessaires à la pantomime, comme aussi les danses diverses à adapter aux rythmes divers : scènes d'amour, adages, danses de caractère, variations et ensembles, etc.

Après ce premier travail minutieusement fait, Mérante réglait mentalement, sans en arrêter définitivement les détails, comment il devait monter l'ouvrage.

Cela fait, le travail *sur scène* lui servait à compléter son œuvre. *Il commençait par la pantomime.*

Il convoquait tous les artistes qui avaient un rôle, et, tandis qu'un musicien, désigné par la direction (ou le compositeur lui-même), jouait les fragments du ballet, il indiquait à chacun, suivant la musique, ce qu'il avait à faire.

Il cédait souvent à l'inspiration du moment, il corrigeait parfois, séance tenante, ce qu'il avait arrêté précédemment dans son esprit, s'il le jugeait nécessaire. Contrairement à certains maîtres de ballet, il n'écrivait et ne notait rien. Il disait verbalement à l'artiste dans quel sentiment il devait exécuter sa pantomime et lui indiquait les gestes.

Il passait alors seulement à la danse.

Il s'entendait avec le régisseur, M. Pluque, pour la distribution des pas aux danseurs et aux danseuses.

Il faisait venir sur scène les premiers sujets, auxquelles il distribuait les variations.

Il convoquait ensuite les petits sujets, puis, après, le corps de ballet. Enfin, bien pénétré de l'action et de sa mise en scène, s'inspirant toujours de la musique qui s'exécutait devant lui, il réglait tous les *pas* et les *ensembles*.

C'était un artiste tout d'inspiration et de grande expérience, d'un talent auquel on n'a pas encore rendu suffisamment justice.

C'était un danseur émérite, mimant dans la perfection et qui a laissé à l'Opéra un vide que l'on comblera difficilement. Il comptera parmi les grands maîtres de la danse.

C'est par les procédés que je viens d'indiquer qu'il a monté *Sylvia*, la *Korrigane*, la *Farandole* et tant d'autres ouvrages dont la liste serait trop longue à énumérer.

Une qualité maîtresse de Mérante, la plus précieuse chez un maître de ballet, c'est qu'il savait exactement discerner ce qui convenait à chacun des artistes qu'il dirigeait ; et il réglait leurs rôles et leurs pas selon leurs capacités.

Exemple : Quand il s'agissait de Piron il ne lui réglait jamais que des temps vifs et tournés ; à Fatou, il gardait les danses nobles qui exigent l'élévation et le parcours ; à Alice Biot, des temps de pointes, et ainsi de suite pour chacune.

Quant il montait un ballet, il faisait répéter séparément comme je l'ai indiqué, la pantomime et les danses, et il ne procédait aux répétitions d'ensemble que quand ces deux parties du ballet étaient parfaitement prêtes.

C'est alors seulement qu'il commençait les *répétitions du soir*.

On a prétendu qu'il était un peu long à monter un ouvrage. Je ne sais si cette critique est juste, mais il faut dire, à la louange de Mérante, qu'il était très soucieux des fatigues de son personnel.

S'il nous arrivait de répéter pendant la journée, quand nous devions jouer le soir, il ne nous obligeait jamais à danser sérieusement, il se contentait de nous faire *marcher* ou *marquer* nos variations. Et au moins nous laissait-il des jours de repos pendant lesquels il s'occupait de la pantomime.

De cette façon, les leçons devenaient possibles tous les matins, sans épuiser nos forces pour le soir.

Je ne saurais trop conseiller cette méthode aux maîtres de ballet et appeler sur elle l'attention de la direction de l'Opéra, si elle veut conserver son personnel et en tirer les meilleurs services possibles.

DE LA DANSE A LA VILLE

Quelques indications seulement sur la danse à la ville, et j'arrive aux études de la danse au théâtre.

Une femme d'esprit, Mme de Montarson, en donnant la définition aussi simple que vraie de la danse, en a expliqué le goût et l'usage si répandus.

« La danse, a-t-elle dit, est en même temps un exercice et un divertissement. »

On comprend bien qu'il n'est pas question ici de *la danse au théâtre*. Cette dernière réclame des exercices fréquents, un surmenage, si je puis dire ainsi, qui finit par faire de cet art un *métier très rude*.

Néanmoins, un danseur de théâtre doit aimer son art pour l'exercer en *artiste*. Dès que la danse n'est plus pour lui un « divertissement » mais seulement un « exercice » fatigant, elle devient une corvée odieuse. Il est rare alors que l'artiste résiste longtemps aux répugnances qu'il lui inspire.

Mme de Montarson s'adressait donc plus spécialement aux gens de son monde, quand elle parlait de la danse.

Et d'ailleurs, elle est nombreuse, la liste des « exercices » et « divertissements » qu'on peut citer à l'appui de la thèse de cette grande et aimable femme.

Je vais tâcher de faire la récapitulation des danses *mondaines* les plus connues, dont quelques-unes ont été importées au théâtre sur les mêmes rythmes, mais avec des temps différents.

Voici les principales :

FRANÇAISES

La Valse. — J'étonnerai probablement bien des gens en disant que la valse est originaire de France et qu'elle a été importée par nous en Allemagne. Elle a eu un instant une rivale, dans nos salons : la *Polka*, qui, elle, nous est arrivée de ~~Pologne~~ vers 1840. Mais cette danse, bien qu'elle soit encore à la mode, n'a pu détrôner la *Valse*, de même que les *Lanciers*, d'origine récente, n'ont pu remplacer la *Contredanse* de nos pères, que nous tenons pourtant des Anglais.

Je ne parle pas de l'interminable *Cotillon*, si soutenu par les marchands de joujoux et qui fait le désespoir des grands parents.

Il m'a fallu remonter au XVe siècle, pour trouver les *Tricottets,* danse essentiellement française.

Le *Menuet*, danse du Poitou, que le marquis de Flamarens a introduite en Angleterre.

La *Gavotte*, danse des montagnards de Gap.

Le *Rigodon*, dont l'inventeur est Rigaud, un Marseillais, qui la mit de mode en Provence.

La *Farandole* est également une danse du Midi et elle y a été beaucoup dansée jusqu'à la fin du xviii⁰ siècle. Elle a inspiré à M. Th. Dubois la délicieuse musique d'un ballet qui a été récemment dansé à l'Opéra et qui fut un des plus grands succès du regretté M. Mérante.

Le *Tambourin*, danse des paysans des Alpes qui a emprunté son nom au tambourin, son accompagnement obligé. Elle est devenue exclusivement une danse de ballet.

La *Bourrée* enfin, fort ancienne et originaire de l'Auvergne. Elle se danse aussi au Berry, et celle-ci lui a valu de la part de l'abbé Fléchier le nom d'*impudique*.

Voilà pour les danses françaises. Quant aux étrangères, je puis citer encore parmi les plus connues :

ITALIENNES

La *Chaconne*, du nom de Ciaconna.

La *Courante* de Corrente, qui n'est autre que la seguedilla espagnole.

La *Volte*, danse privilégiée de Marguerite de Valois, qui y excellait. Elle faisait fureur à la cour de Charles IX.

ESPAGNOLES

La *Sarabande*, qui a valu à Ninon de Lenclos une foule de succès, tant elle y déployait de grâces et de charmes. Elle s'accompagnait de castagnettes en la dansant.

La *Pavane,* danse essentiellement noble. En France, elle a toujours été une danse d'apparat. En Espagne, elle était exécutée le jeudi saint. Elle était considérée comme une danse religieuse. Elle se dansait toujours en grand costume. Elle date du XVIe siècle. C'est, dit-on, Fernand Cortez qui en fut l'inventeur.

Elle doit son nom à cette particularité que les danseurs, en se regardant, font une sorte de roue, à la manière des paons.

ANGLAISES

La *Contredanse* qui, importée en France, est devenue une danse pour ainsi dire nationale. En Angleterre, elle était, à l'origine, la danse des villageois.

La *Gigue,* ainsi nommée parce que c'est la danse des jambes.

L'*Allemande* dont le nom indique la

provenance, et qui se dansait encore en 1784.

Et enfin :

Les *Branles* ainsi appelées parce que c'est une suite de mouvements et de cadences dont les plus audacieux étaient connus sous la dénomination de l'Anti-quaille, qui surpassait en hardiesse la bourrée d'Auvergne, dite l'impudique.

Je termine cette énumération un peu longue. Mais elle m'a semblé pouvoir être intéressante pour ceux qui s'occupent de la danse.

Mme ZINA MÉRANTE

PROFESSEUR DES SUJETS DE LA DANSE

A L'OPÉRA

ÉTUDES

DE LA DANSE AU THÉATRE

Le moment est venu de parler de l'apprentissage de la danse, c'est-à-dire des études successives et obligatoires pour tous ceux qui se destinent à cet art au point de vue du théâtre.

Je vais supposer une élève prise à l'âge de sept ans, et je vais expliquer, en détails, mouvements par mouvements, les exercices auxquels elle doit se livrer pour devenir « une danseuse ».

DIVERSES SORTES DE DANSES

On dit généralement qu'il y a deux sortes de danses : 1° les *danses d'attitude;* 2° les *danses de circulation* ou *de parcours*. J'estime qu'il y a une troisième sorte de danse : *La danse sur les pointes*. On pourra m'objecter, non sans raison apparente, que cette dernière fait partie des *danses d'attitude*. Je n'en maintiens pas moins que la *danse sur les pointes* doit être classée à part et spécialement.

Toutes les élèves peuvent, avec l'étude, arriver à la perfection en matière de danses d'attitude. Il en est, par contre, un certain nombre qui n'y atteindront jamais quand il s'agira pour elles de faire des pointes.

Quoiqu'il en soit, je vais exposer et détailler, dans l'ordre habituellement observé, la série des études qui doivent être faites par toute élève prétendant devenir une *artiste de danse* au théâtre.

Je ne m'occuperai que des classes des *danseuses*, n'ayant suivi que ces dernières.

ÉTUDES DES CLASSES

J'ai déjà dit que la jeune fille qui se destine à devenir artiste de danse au théâtre, doit se préparer, dès l'âge de huit ans, au plus tard.

A cet âge seulement, son corps est assez flexible pour se prêter aux cinq premières positions, qui sont comme l'alphabet de son art.

Ces positions sont les suivantes :

PREMIÈRE POSITION

Cette première position s'appelle simplement *première* et *premier temps des bras*.

Elle consiste à placer les deux pieds en ligne droite, les genoux en dehors, de telle façon que, les deux talons se touchant, les deux pieds forment une seule et même ligne droite.

En même temps, les deux bras sont por-
tés en avant à hauteur de ceinture, les deux

PREMIÈRE POSITION

mains tendent à se rejoindre par le bout
des doigts, bien que ceux-ci restent à cinq
centimètres les uns des autres.

Mlle DÉSIRÉ

Cette première position est la *base abso-lue* de la danse.

Le professeur doit donc s'appliquer à ce qu'elle soit parfaitement observée et que l'élève soit solidement *assise* sur ses pieds avant même d'arriver à la seconde.

SECONDE POSITION

SECOND TEMPS DES BRAS

Une fois la première position bien défi-nitivement prise, il faut placer l'élève en *seconde position*.

Pour la prendre, elle doit écarter les deux talons, les pieds faisant toujours une seule et même ligne droite.

L'écartement des deux pieds doit être égal, c'est-à-dire tel que le milieu de la taille soit également distant de leurs deux extrémités.

DEUXIÈME POSITION

Quant aux bras, ils doivent former également une lignè droite, parallèle à la ligne des pieds, à hauteur d'épaules.

Mlle CHABOT

TROISIÈME POSITION

TROISIÈME POSITION

TROISIÈME TEMPS DES BRAS

Ce qui, pour les pieds, fait la différence
de cette position avec la première, c'est

que les talons, au lieu de se toucher, se croisent sensiblement, les genoux restant toujours en dehors.

Le corps doit aussi bien demeurer invariablement droit, sans raideur.

Quant aux bras, le droit reste au *premier temps* et le gauche s'élevant en *demi-couronne*, autrement dit *bras de l'attitude*.

QUATRIÈME POSITION

BRAS AU REPOS

Le corps doit se présenter : l'épaule droite effacée, l'épaule gauche un peu en avant.

Les pieds ont : le pied droit la position de la *première* faisant bien suite au corps, le pied gauche également en position de *première*, seulement en arrière du droit, à trente centimètres de distance environ.

Mⁱˡᵉ GRANGÉ

QUATRIÈME POSITION

Quant aux bras, ils doivent tomber naturellement, les poignets légèrement tournés en dehors.

CINQUIÈME POSITION

CINQUIÈME POSITION
BRAS AU REPOS

Même position que la *troisième*, avec cette différence que les pieds sont complè-

Mlle PERROT

tement croisés, au lieu de l'être légèrement, comme dans la troisième.

CINQUIÈME POSITION (PROFIL)

De la sorte, les pointes des pieds
arrivent juste au niveau des talons, ce

qu'on pourrait appeler : *pointes à talons*.

C'est la position que prend toute danseuse avant de commencer l'*adage*, comme il sera dit plus loin.

L'élève devra s'efforcer d'avoir les épaules bien effacées. Elle devra également *serrer les reins* le plus possible, et avoir la taille cambrée, comme l'indique le *profil* ci-contre.

OBSERVATION

Ces *cinq premières positions* se feront d'abord, comme tous les exercices d'ailleurs en général, à la « barre fixe ». Mais j'insiste, d'une façon absolue, pour que l'élève ne passe aux *Exercices*, comme je vais les indiquer, que lorsqu'elle sera, en dehors de la barre, complètement maîtresse de ses mouvements. Je ne saurais trop le répéter : *ces positions sont l'alphabet même de l'art de la danse.* — L'élève qui ne les possédera pas *parfaitement* ne pourra pas devenir une bonne danseuse.

EXERCICES

Le premier exercice que l'élève devra faire est :

◂ DÉGAGÉ A TERRE

Mlle KELLER

1° — DÉGAGÉ A TERRE

L'élève se place d'abord en *cinquième*. Elle dégage alors son pied gauche du pied droit, la pointe à terre. Cette pointe, en se dégageant, trace une ligne droite en prolongement du pied droit. Elle s'écarte de ce dernier avec une distance de cinquante centimètres environ, puis elle revient, pour replacer le pied gauche en *cinquième* en suivant la même ligne, et ainsi de suite pour chaque *dégagé*.

Les bras restent *en seconde*.

2° — ROND DE JAMBE A TERRE

Afin de bien se rendre compte de la méthode à employer pour faire cet exercice, il faut se reporter à l'image et à l'explication précédentes.

La différence entre ce *second exercice* et

le *premier*, c'est que, d'abord, l'élève se place en *première*, au lieu de se placer en *cinquième*.

Alors, elle dégage la pointe du pied gauche jusqu'à la *quatrième devant*. Puis elle fait un demi-cercle avec la pointe de ce pied, toujours sur le parquet. Le pied arrive ainsi à la *seconde* et il continue son cercle pour arriver à la *quatrième derrière*.

L'élève termine alors le mouvement en revenant à la *première*.

Le bras gauche reste en *seconde*.

3° — DÉGAGÉ A LA DEMI-HAUTEUR

L'élève se tient de la main droite à la barre fixe.

Le pied droit est en *demi-pointe*, c'est-à dire le talon droit relevé, de telle sorte que les doigts de pied, posés à plat par terre, soutiennent le corps.

Mlle TRÉLUYER

Le pied gauche est dégagé comme à la
position du dégagé à terre, seulement il

DÉGAGÉ A LA DEMI-HAUTEUR

s'élève progressivement à partir du commencement du dégagement jusqu'à demi-
hauteur, c'est-à-dire à la hauteur du mollet

droit environ. Puis il revient s'appuyer sur le cou-de-pied droit, le genou un peu replié.

L'image de la *pirouette sur le cou-de-pied*, représente exactement la fin du *dégagé* à demi-hauteur.

Quant au bras gauche, il reste en *seconde*.

4° — Rond de jambe en l'air

Le corps est placé comme à l'image précédente.

Le mouvement du *rond de jambe en l'air* est le même que celui du *rond de jambe à terre*.

Seulement, le pied gauche, au lieu de se dégager de terre, part après avoir appuyé sa pointe, le genou replié, sur la partie intérieure du mollet droit. Il décrit le même cercle à la hauteur du mollet, et il revient au point de départ.

PLIÉS

—

5°. — Les *Pliés* se font sur les *cinq premières positions*.

Le *Plié* consiste, comme l'indique le

PLIÉ

nom lui-même, à plier les genoux *en dehors*, laissant le buste bien droit comme c'est indiqué plus haut dans le profil de la *cinquième position*.

Les bras restent naturellement tombants.

L'image représente un demi-plié en *seconde position*.

Le *Plié* complet réclame un écartement un peu plus grand des genoux en dehors, et on arrive ainsi à ce qu'on appelle, en termes techniques, au *Plié fondu*.

6. — PREMIER TEMPS DE POINTES

Le corps est placé comme à la *première*.

Les jambes étant dans cette position, l'élève doit, sans déplacer le corps, le soulever en relevant ses talons, de façon à arriver à ce qu'il soit complètement appuyé sur les extrémités des doigts, ce qu'on appelle *les pointes*.

Mlle SALLE

Les épaules doivent être naturellement tombantes, sans raideur, sans relèvement, et les bras doivent être au repos.

PREMIER TEMPS DE POINTES

Après chaque relèvement des talons, l'élève doit revenir en *première position* et faire plusieurs relevés successifs, afin de donner de la souplesse et de la force à ses pieds.

Il est bien entendu que cet exercice doit être fait par l'élève sur les *cinq premières positions*.

7. — GRAND BATTEMENT

Pour se rendre compte exactement des explications que je vais donner à propos de cet exercice, il est bon de se reporter plus loin à l'image : *Seconde position de l'adage*.

En général, cet exercice se fait :

Le corps étant placé en *cinquième posi-tion*, les coudes bien soulevés et les bras formant une ligne droite continue à hauteur d'épaules.

Le battement est fait par le pied gauche, le pied droit restant en *cinquième*.

Ledit pied gauche part donc de la *cinquième* et s'élève jusqu'à hauteur de la tempe gauche, formant sans cesse avec la jambe une ligne droite continue, la pointe du pied serrée.

L'élève observera bien que lorsque son pied est à la hauteur de la tempe, il doit avoir conservé le *dehors* de la *cinquième*.

Lorsque le pied gauche, après avoir été ainsi lancé, revient à la *position de cinquième* par un mouvement inverse, le grand battement a été opéré.

L'élève devra également faire successivement à diverses reprises ces mouvements de battement en *quatrième devant* et en *quatrième derrière*.

ADAGE

Après les exercices qui ne sont qu'une suite de mouvements variés sur les *cinq premières positions*, l'élève passe aux divers *adages*.

Les exercices auront préparé l'élève aux mouvements des adages qui ne sont, sous le nom de *développés,* qu'une suite de *développements* variés, ou, si l'on préfère, de *poses différentes*.

Ce sont ces poses elles-mêmes, *sautées* par l'élève, qui constituent véritablement la plus grande partie de la danse.

Je vais donc indiquer les principaux *développés*.

Mᶦˡᵉ HIRSCH

DÉVELOPPÉ A LA DEUXIÈME POSITION

DÉVELOPPÉ A LA SECONDE

L'image du premier développé représente
la *fin du mouvement*.

Pour y arriver, l'élève aura pris d'abord la *cinquième position*.

Puis soulevant la pointe du pied gauche et pliant le genou gauche en dehors, elle aura appuyé la pointe d'abord sur la cheville du pied droit et lui aura fait suivre ensuite le trajet ascensionnel depuis la cheville jusqu'au genou droit, en suivant le tibia.

Dès que la pointe aura atteint le genou droit, l'élève *dégagera* aussitôt jusqu'en *seconde*. La jambe gauche se trouve alors, comme c'est indiqué, bien tendue, ne formant qu'une ligne droite avec le pied gauche, dont la pointe sera bien serrée.

LES BRAS SONT EN SECONDE POSITION
DÉVELOPPÉ A LA SECONDE POSITION

Ce développé se fait de même que le précédent.

Mlle GALLAY

Seulement la position des bras est diffé-
rente.

DÉVELOPPÉ A LA DEUXIÈME POSITION OUVERTE

Le bras droit est à la *seconde position*
et le bras gauche en *demi-couronne*, ou
pose d'attitude.

DÉVELOPPÉ A LA QUATRIÈME
DEVANT OUVERTE

Pour faire un *développé à la quatrième devant*, on procède de la même manière

DÉVELOPPÉ A LA QUATRIÈME DEVANT OUVERTE

que pour le *développé à la seconde*. Seulement l'épaulement est différent.

L'image, avec les bras *en couronne* s'appelle : *développé à la quatrième devant ouverte*.

DÉVELOPPÉ A LA QUATRIÈME
DEVANT CROISÉE

Ce développement se fait toujours de la

DÉVELOPPÉ A LA QUATRIÈME DEVANT CROISÉE

même manière que le précédent, mais toutefois encore avec un épaulement différent.

Le bras gauche est en *demi-couronne* et le bras droit à la *seconde position*.

DÉVELOPPÉ A LA QUATRIÈME DERRIÈRE

Pour exécuter ce développé, le pied gauche, au lieu de faire un mouvement ascensionnel le long du tibia, avant de se dégager à hauteur du genou, suit le mollet jusqu'à même hauteur, et le *développé* s'opère alors comme dans les mouvements qui précèdent.

Mlle VIOLAT

DÉVELOPPÉ
A LA QUATRIÈME DERRIÈRE OUVERTE
OU ATTITUDE OUVERTE

Cette pose porte le nom : *Attitude*, en toutes circonstances.

ATTITUDE OUVERTE

Pour l'exécuter, on procède absolument comme pour le *développé à la quatrième derrière*.

Toutefois, on peut voir dans l'image que le bras droit est *en couronne*, le bras gauche à la *seconde position*.

Quant à la jambe droite, elle est portée en arrière, recourbée, la pointe du pied relevant à hauteur de la taille, et le genou bien soutenu.

La jambe gauche reste en position de *première* et soutient le corps qui doit être droit sans inclinaison aucune, soit à droite soit à gauche.

DÉVELOPPÉ

A LA QUATRIÈME DERRIÈRE CROISÉE

OU ATTITUDE CROISÉE

C'est la *seconde position* de *l'attitude*.

Dans cette pose, l'élève est *un peu* in-

clinée en avant, le bras droit est en *couronne*, tandis que la jambe droite est portée
en arrière.

ATTITUDE CROISÉE

En somme, cette seconde *position* de dé-
veloppé ne diffère de la première que par
l'épaulement.

ARABESQUE OUVERTE

L'arabesque est à proprement parler une *attitude*.

Seulement, le buste penché en avant, la jambe gauche en l'air et en arrière, le bras

droit et la main à plat en avant, doivent faire une ligne droite continue.

Mlle G. OTTOLINI

Le corps entier dans cette position est posé sur la jambe droite tendue.

ARABESQUE CROISÉE

ARABESQUE CROISÉE

Même mouvement que le précédent, avec les modifications suivantes :

L'élève est vue de dos, la figure toujours de face. Son buste est un peu moins penché que dans l'*arabesque ouverte*.

L'image représente exactement la position à prendre.

PRÉPARATION DE PIROUETTE
A LA QUATRIÈME

La *Pirouette* consiste à tourner sur soi-même. On peut faire des *pirouettes* presque dans toutes les positions d'adage.

J'ai pensé que la *préparation de pirouette* à la *quatrième* donnerait bien l'idée d'une préparation du corps à un mouvement tournant.

Les jambes sont ainsi exactement à la *quatrième*, avec un peu plus d'écartement des pieds, un peu plus d'effacement des épaules et une légère flexion des genoux.

Mlle ALICE BIOT

PRÉPARATION DE PIROUETTE A LA QUATRIÈME

Le corps est de profil et le visage de
face. Le bras droit est à la *première position*; le bras gauche à la *seconde position*.

PIROUETTE SIMPLE

L'élève étant ainsi posée n'a plus, pour pirouetter, qu'à jeter précipitamment le bras et l'épaule gauches en avant. Le bras gauche rejoint ainsi le bras droit, les deux mains se réunissent un peu plus bas que la taille, et l'élève opère un mouvement tournant.

Ce mouvement s'opère d'ailleurs de diverses façons, soit sur le *cou-de-pied*, soit en *arabesque*, soit en *seconde*, etc.

On peut aussi, par cette préparation, arriver à la *pirouette renversée*.

PRÉPARATION CAMBRÉE EN ARRIÈRE

Cette préparation indique le premier mouvement de la préparation pour la *pirouette renversée* que j'explique ci-après.

PRÉPARATION CAMBRÉE EN ARRIÈRE

PIROUETTE RENVERSÉE

Pour expliquer la *pirouette renversée,* je vais me reporter à la *préparation de pirouette à la quatrième* ci-dessus.

Ainsi placée, l'élève doit jeter l'épaule et le bras gauches en avant et porter en même temps la pointe du pied gauche à la hauteur du genou droit. Alors, pour terminer la pirouette, elle développera la jambe gauche à la *seconde position* et se penchera sur la jambe droite.

Les deux bras sont en *couronne* au départ et s'ouvrent progressivement jusqu'à la *seconde*, pendant que le corps arrive à être *abandonné* sur la jambe droite.

PRÉPARATION DE PIROUETTES
SUR LE COU-DE-PIED ET A LA SECONDE
A HAUTEUR DE TAILLE

Pour préparer ces deux pirouettes, l'élève prendra la position du *plié* moins fondu à la seconde, puis elle placera, dans chacun de ces deux cas, le bras gauche à la seconde et le bras droit à la première. Après quoi pour pirouetter :

1° — SUR LE COU-DE-PIED

L'élève placera précipitamment, en se relevant, son pied droit sur le cou-de-pied gauche, lequel sera sur la *demi-pointe*. Alors, elle opèrera son mouvement tournant, les bras étant à la *position du repos*.

2° — A LA SECONDE A HAUTEUR DE TAILLE

L'élève se relèvera de la même manière. Elle fera aussitôt, avec le pied droit, le mouvement du battement en *seconde*, et en même temps elle fera sa *pirouette*.

Les bras seront en *seconde position*.

PIROUETTES SUR LA POINTE

L'élève se mettra d'abord en *cinquième position* (voir image *cinquième position*). Puis elle se placera aussitôt après sur les pointes (voir image *premier temps de pointes*).

Alors de cette position, elle reviendra en *cinquième*, les genoux un peu pliés, et elle se relèvera, d'un seul bond, pour se placer comme l'indique l'image, *les bras en couronne*, le pied gauche sur le cou-de-pied qui lui-même est sur l'extré-

mité de la pointe, le genou bien tendu.
Elle fait alors sa *pirouette*.

PIROUETTE SUR LA POINTE

L'élève devra, sans se cambrer du tout,
être bien appuyée sur les reins.

CINQUIÈME SUR LES POINTES

Cette pose se prend comme il suit :
L'élève est placée en *cinquième*, les bras
au repos. Elle plie sensiblement les genoux

CINQUIÈME SUR LES POINTES

et par un petit élan ascensionnel, après
avoir soulevé les talons, elle arrive sur les

POSE DE CINQUIÈME SUR LES POINTES
(Bras droit en première, bras gauche en seconde en arrière.)

pointes, les pieds en *cinquième*, les genoux
bien tendus, le corps bien appuyé sur les
reins et les bras en couronne.

Pour terminer une variation, on procède de la même manière, mais le mouvement se fait plus rapidement.

POSE POUR COMMENCER UNE VARIATION

Quand l'élève a achevé ces études préparatoires, il ne lui reste plus, qu'à en-

chaîner un certain nombre de *temps* qui
sont en usage, pour exécuter les variations sur la scène.

POSE POUR COMMENCER UNE VARIATION

Je vais citer les principaux de ces
temps.

Glissade. — Saut de chat. — Gargouil-
lade. — Sisole, ou comme dit Blasis *Sis-
sonne*. — Coupé. — Coupé mi-contre-temps.
— Assemblé. — Fouetté. — Sisole détourné. — Balonné. — Jeté. — Changement de pied. — Temps d'entre-chat sept.
— Entre-chats 3, 4, 5, 6, 8. — Royale. —
Les Ciseaux. — Pas de bourrée. — Saut
ou pas de basque. — Cabriole. — Brisé.
— Temps de l'*Ange* ou Plané. — Détourné
ou déroulé sur les pointes. — Jeté en tournant. — Piétiné. — Soubresaut. — Brisés
Télémaque, etc.

Il m'est impossible de décrire la manière
d'exécuter ces temps en usage dans la
danse de scène qui ne sont que les dérivés
des études que j'ai détaillées. Mais il n'est
pas un professeur de danse qui ne sache
les indiquer et il dépend des facultés de
l'élève de les exécuter avec plus ou moins
de talent.

Je ne crois avoir rien omis de ce qu'il faut indiquer pour procurer à une élève le moyen de devenir une artiste. J'estime que je ne me montre pas exagérée en disant qu'il faut au moins *cinq ans* d'études préparatoires à une élève ayant de bonnes dispositions pour être une *bonne danseuse*.

C'est seulement au prix de tant d'efforts qu'une élève acquiert pour ses jambes et ses pieds la force, et enfin pour son corps le placement qui lui sont indispensables.

Les dons qu'elles ont reçus de la nature et un travail soutenu font évidemment la supériorité des uns sur les autres. Mais que de détails particuliers et si souvent ignorés ou dédaignés, qui affirment cette supériorité! Que de fois j'ai été appelée à faire l'expérience de leur très réelle importance!

C'est pourquoi j'ai cru qu'il serait bon, sous la rubrique *Observations générales*, de les rappeler ici aussi bien aux maîtres qu'aux élèves.

M. PLUQUE

RÉGISSEUR DE LA DANSE A L OPÉRA

OBSERVATIONS GÉNÉRALES

Les cinq premières positions.

J'ai dit et je ne saurais le trop répéter que les *cinq premières positions* étaient la BASE ESSENTIELLE de la danse. Toute élève qui ne saura pas *parfaitement* les prendre ne pourra jamais devenir une artiste.

C'est pendant le temps que nécessite l'étude de ces positions qu'il appartient au professeur de soigner les mouvements des bras des jeunes commençantes suivant les principes de Noverre, comme je l'indiquerai plus loin.

Il ne faut pas, en général, plus de huit à dix ans d'études complètes pour faire un sujet distingué d'une élève ayant des dispositions et ayant commencé à l'âge de sept à huit ans. Il faut de 4 à 5 ans d'études préparatoires pour donner à l'élève la force dans les pieds et dans les jambes, et une solidité de corps qui lui permettent d'enchaîner les différents temps composant les pas de la danse au théâtre.

Durée des Études quotidiennes.

La durée des études quotidiennes ne doit pas dépasser une heure et demie.

Les élèves *sérieuses* arrivent d'habitude à la leçon un quart d'heure à l'avance pour se *tourner sur les barres*.

Cet exercice consiste à placer l'un après l'autre les talons sur la barre et, au moyen de pliés, à distendre les jambes sur toutes les positions. Il donne de la souplesse et de l'élasticité au corps. Il me souvient que la bonne Mme Dominique, qui fut mon premier professeur, donnait de bonnes notes à celles qui venaient à l'avance pour se préparer ainsi à la leçon. Les heures auxquelles mes camarades et moi nous arrivions au travail étaient inscrites sur les feuilles de présence signées par nous. Et ces feuilles étaient scrupuleusement soumises, chaque mois, au directeur avec des annotations pour chacune des élèves.

Répartition de la Leçon.

Les exercices à la barre doivent être d'environ vingt minutes. Puis on passe à l'adage, qui se compose de temps d'aplomb, de pirouettes de tous genres *sauf sur les pointes*. Après l'adage, on passe aux exercices sautés : changement de pieds, changements de pointes, suivis d'enchaînements de pas mélangés, de temps battus et temps de pointes... La leçon doit se terminer sur ces derniers exercices.

Tous ces mouvements répétés durant une heure et demie seront jugés évidemment comme devant causer une fatigue démesurée à l'élève.

Mais les repos sont prévus et parfaitement réglés : Les exercices et l'adage sont faits en commun, et les temps sautés sont exécutés successivement par groupes de quatre ou de trois au moins.

Or, généralement, à l'Opéra, j'ai vu les petites classes composées de 20 à 25 enfants, les autres de 18 à 20 élèves pour les quadrilles et pour les coryphées, et de 15 environ pour les sujets. On voit, d'après ces compositions de classes, que la distribution des exercices *des temps sautés* par groupes de trois ou quatre élèves procure aux élèves de toutes classes des repos suffisants.

Étude des pas par les mains.

J'ai indiqué, au chapitre de la *Chorégraphie*, comment, avec les mains, le professeur parvenait à indiquer les pas. Pour ce faire, il est évident que chaque mouvement doit avoir un nom qui lui est propre, correspondant au pas dont il est l'indicateur. Ma première maîtresse déclarait que, d'après l'exécution des pas par les mains, elle se rendait exactement compte de ce que ferait l'exécutante avec ses jambes. J'ai fait souvent, comme elle, cette très juste observation.

Elle ajoutait qu'une véritable artiste doit savoir *marcher* (on dit également *marquer*) ses variations aussi bien avec ses mains qu'avec ses pieds, chose bien rare aujourd'hui, même parmi les *sujets !*

Des Progrès et des Aptitudes.

Il est difficile de se rendre très exactement compte des dispositions d'une élève avant qu'elle n'ait travaillé pendant 4 ou 5 ans, d'une façon suivie.

En matière de danse, comme en toutes choses, du reste, il y a des élèves douées et d'autres absolument réfractaires à l'art auquel elles veulent se consacrer. Mais en matière de danse spécialement, les premières se devinent à leur corps « bien placé ». Elles ont les épaules effacées. Elles sont campées sur leurs reins; elles ont les genoux en dehors, les pieds allongés et leurs pointes également en dehors, mais naturellement en dehors.

Les secondes ont les épaules hautes, de mauvais coudes pointus, des genoux gros et en dedans, les jambes défectueuses...

A celles-ci un travail opiniâtre ne peut jamais procurer qu'un talent relatif et limité, à celles-là tout est facile... si elles travaillent !

Mais à toutes, il faut ce que j'appellerai de la tête, de l'observation, afin de *comprendre* et de se *rappeler*. L'art de la danse oblige, en effet, à un travail de tête très soutenu, non seulement pour l'intelligence des indications du professeur, mais aussi pour le souvenir de la musique, c'est-à-dire des rythmes divers qui ont servi à régler les pas. Une danseuse qui n'a pas de notions de la musique a toute chance de ne pas danser en mesure.

Il y a des professeurs qui prétendent définir le caractère d'une artiste de la danse, d'après sa manière de danser. Si étrange que cette assertion puisse paraître, elle n'est pas sans être souvent justifiée.

Leçons pour les coryphées et pour les sujets.

Aux observations qui précèdent, je dois ajouter que, pour les coryphées et pour les petits sujets, le professeur devrait, chaque lundi, composer une leçon que celles-ci danseraient le matin, durant toute la semaine. On exercerait utilement de la sorte la mémoire des élèves et les pas composés par le professeur arriveraient à être exécutés aussi parfaitement que possible.

On consacrerait la dernière demi-heure de la leçon à apprendre aussi bien aux coryphées qu'aux sujets les variations du répertoire, même celles des étoiles. Cette méthode était suivie par Mme Dominique. Les remplacements se faisaient ainsi facilement, et je connais plusieurs de mes camarades qui, dans certaines occasions, ont pu rendre de grands services au *pied levé*. Je suis sûre que M. Pluque partage mon opinion !

En outre, en ce qui concerne les premiers sujets, je juge indispensable pour les bonnes exécutions du soir que le professeur leur fasse répéter chaque matin les variations qu'elles doivent exécuter devant le public. Elles auraient ainsi leurs pas dans *les jambes*.

Méthode de Mme Dominique.

Mme Dominique avait adopté pour les coryphées et les petits sujets une méthode dont j'ai pu apprécier l'efficacité.

Elle faisait venir un *premier sujet* pour prendre la leçon avec elles. Chaque pas fait par le premier sujet était détaillé par les coryphées et par les petits sujets qui les répétaient, après avoir reçu les indications du professeur.

Ces exemples étaient fort salutaires, surtout quand les élèves avaient successivement pour modèles des danseuses comme Fatou, Sanlaville, Pallier, Parent, Piron, etc., chacune d'elles ayant des genres différents.

Aussi la leçon avait une véritable attraction.

C'était un stimulant très grand et en même temps une récréation.

Mme Mérante est certainement un professeur qui a un talent non moindre que celui de Mme Dominique... Mais il y a bien des raisons, indépendantes d'elle, qui font que ses classes sont inférieures à celles d'autrefois.

Classe supérieure de Perfectionnement.

Il est une chose qui me semble faire défaut à l'Opéra, et qui lui est indispensable, c'est une classe supérieure *permanente* de perfectionnement.

Cette classe aurait pour but de former les étoiles.

Chaque année, le maître de ballet désignerait à la direction une ou deux élèves lui paraissant avoir des dispositions spéciales.

Ces élèves, exemptées de tout service, trop fatigant pour des exercices suivis, seraient mises à la disposition du professeur de perfectionnement.

Leur travail serait réglé en conséquence. Et j'ajoute qu'elles devraient recevoir des leçons de solfège pour exercer leurs oreilles à la mesure si indispensable à toute danseuse.

Il est à présumer que toutes les élèves qui passeraient par la classe supérieure de perfectionnement ne deviendraient pas des *étoiles* de la force de Mauri ou de Subra

par exemple, mais toutes celles qui en sor-
tiraient seraient sûrement des *sujets hors
pair*.

Au bout de quelques années, le personnel du ballet de l'Opéra deviendrait, par
cette méthode, le premier de l'Europe. Il
est évident que toutes les élèves, sans
exception, travailleraient pour être admises
à cette classe exceptionnelle.

Il est facile de juger des résultats que ce
stimulant produirait.

Puisque je parle de la leçon de perfectionnement, je ne veux pas manquer de
dire combien il serait utile de faire travail-
ler des *ensembles d'adages* par de jeunes
élèves des deux sexes.

Les répétitions ne suffisent pas à donner
au danseur l'habitude de bien tenir sa
danseuse, et par conséquent de laisser faire
à l'aise à celle-ci ses différentes *poses
d'adage*, ses *pirouettes*, etc... Je sais que,

pour ma part, il m'était souvent difficile *d'exécuter des groupes* avec mon danseur, parce que nous n'étudiions pas suffisamment ensemble. Aujourd'hui encore, je connais plus d'une de mes camarades, certes excellentes danseuses, qui semblent fort gênées en danse, quand elles ont à exécuter des groupes avec certains danseurs.

Donc, il faudrait que, dans la classe de perfectionnement, le maître consacrât deux jours au moins par semaine, pendant la leçon, à faire exécuter des *groupes adages*, *pirouettes*, etc... par les élèves des deux sexes.

On ne tarderait pas à voir les bons effets d'un pareil travail.

Adage.

L'importance de l'adage dans les études de la danse est telle que je dois insister sur ce que j'en ai déjà dit et ajouter quelques mots encore.

L'adage est la préparation des *temps sautés*, car les temps où les poses dont se compose ce qu'on appelle l'adage doivent se *reproduire en l'air*. On pourrait dire aussi que l'adage est une suite de grâces et de séductions.

Aux leçons, il prépare l'élève à danser. Il lui donne l'aplomb dont elle a besoin pour rester sur une jambe. Il l'aide à mettre ses genoux *en dehors*, à bien *ouvrir ses hanches*, à bien placer ses bras et en général son corps.

Une élève qui est parvenue à bien faire l'adage — chose difficile — est sûrement une bonne danseuse. Il facilite le parcours et le ballon à celles qui ont des genoux souples et il en donne autant qu'elles en peuvent avoir à celles qui ont de la raideur.

Il développe les facultés propres à chacune : l'élévation aux unes, les pirouettes
aux autres, aussi bien que la batterie et
les pointes. Et puisque je parle des
pirouettes et des pointes je vais, à ce sujet,
faire quelques observations :

Des Pointes.

Le professeur peut savoir à l'avance à
quoi s'en tenir sur les dispositions de son
élève à *monter sur les pointes*, s'il veut
bien, avant de lui faire faire une dépense
de force *inutile*, examiner la forme de ses
pieds, ce qui ne se fait jamais ! Il en est
qui ont les quatre premiers doigts du pied
de la même longueur, c'est-à-dire le *pied
carré*. C'est le pied apte à faire des pointes.
Car le corps est soutenu ainsi par tous
les doigts. Les pieds *effilés* ou *pointus* sont
mauvais pour cet exercice, et cela se com-

prend. L'artiste ne peut, en ce cas, monter *tout au plus!* que sur trois doigts, et le plus souvent sur deux. De là un manque inévitable de force et d'aplomb.

En thèse générale, la danse des pointes est un exercice difficile, nécessitant un long et pénible travail.

Pirouettes.

Quant aux pirouettes, est-ce bien là de la danse? Je n'en juge pas ainsi. Il faut, pour exécuter des pirouettes, une sûreté et une hardiesse qui s'acquièrent à la suite d'exercices particuliers et opiniâtres. Il faut surtout de l'aplomb et beaucoup de confiance en soi.

La Taglioni ne *tournait* pas sur les pointes — et pourtant, qui a dansé mieux qu'elle? — mais elle *montait* merveilleusement sur les pointes.

La pirouette est néanmoins chose plaisante à l'œil. Pour l'exécuter, l'artiste doit être bien assise sur ses reins, elle doit surtout bien prendre sa préparation avant de tourner.

Du corps en général.

J'ai lu, dans les auteurs anciens qui ont traité de la danse, que le maître ne saurait trop recommander à ses élèves d'avoir sans cesse devant les yeux les beaux modèles de peinture et de sculpture.

Hélas! quel est le maître qui s'est préoccupé de ce soin! Quel est l'élève qui a songé à s'inspirer de pareils exemples?

Et, d'ailleurs, comment maîtres et élèves pourraient-ils mettre à profit de si salutaires conseils?

Que ne visitent-ils les Musées, me dira-t-on? — Et le temps pour eux de les visiter? répondrai-je... Combien d'autres raisons que je pourrais donner encore pour faire comprendre les difficultés d'appliquer de si salutaires préceptes. — Je préfère ne pas insister.

Mais il est une étude absolument délaissée à notre époque et si soignée jadis ! *qui devrait faire l'objet de l'attention constante du maître et de l'élève :* je veux parler de la démarche.

De la démarche.

Non seulement les danseuses ne prennent aucun soin de leur démarche, en dehors du théâtre, mais, sur la scène même, combien peu savent marcher. Or, savoir marcher et se bien tenir en scène est, à mon avis, d'une nécessité absolue. J'ai souvent remarqué que, même à la ville, le danseur s'observait davantage que la danseuse. Il marche en scène incontestablement mieux que cette dernière. Cela tient-il au costume qui, découvrant les formes de l'homme plus que celles de la femme, l'oblige à prendre plus particulièrement soin de ses mouvements? C'est possible.

Les anciens danseurs marchaient, même à la ville, de telle sorte qu'on les reconnaissait à leur tournure. Ils apprenaient aux grands seigneurs à marcher comme eux.

Aujourd'hui encore, beaucoup de grands personnages et de diplomates marchent *en danseurs*, les pointes des pieds et les genoux en dehors.

Des Bras.

Je ne saurais donc trop recommander aux maîtres de s'inspirer des sages avis du célèbre Noverre qui, parlant de l'opposition des bras et de tous les mouvements exécutés en dansant, a écrit :

12

« L'opposition ou le contraste des bras
« avec les pieds est le mouvement le plus
« naturel et cependant le moins observé.

« Un danseur qui porte bien ses bras et
« qui les met d'une manière gracieuse,
« suivant les vraies règles de l'art, prouve
« qu'il a étudié à une bonne école et que
« son exécution est invariablement cor-
« recte.

« *Peu d'artistes se sont distingués par un*
« *beau style de bras.* Ce défaut provient
« généralement, soit de la médiocrité des
« principes qu'ils reçoivent dans une mau-
« vaise direction, soit même de leur propre
« négligence, s'imaginant, ainsi que j'en
« ai vu plusieurs, que s'ils possèdent une
« exécution brillante des jambes, ils n'ont
« pas besoin d'y ajouter une belle position
« des bras et s'exemptent ainsi du travail
« qui demande une étude importante... »

Or, à l'époque où Noverre formulait ces

observations, cette étude des bras était bien plus soignée que celle de nos jours. Que dirait-il s'il voyait ce qui se passe dans nos écoles de danse et de maintien !

Pour se faire une idée de l'importance que les anciens « maîtres à danser » attachaient à la démarche, au maintien, en un mot, à l'attitude générale du corps chez les artistes, il suffit de lire, dans Guillemain, les prescriptions du maître à l'élève à qui il *daignait* donner des leçons :

Anciennes prescriptions du Maître à l'Élève.

« Il convient que l'écolier aille au devant
« du maître quand il arrive; on doit le
« recevoir très poliment, lui faire deux
« révérences : la première très profondé-
« ment, la seconde moins bas; on doit
« ensuite le faire entrer dans l'apparte-
« ment, lui présenter un fauteuil ou une

« chaise pour s'asseoir. Sitôt que le maître
« sera assis, l'écolier (demoiselle ou cava-
« lier) lui présentera les deux mains ; il se
« placera à la première position et fera
« quatre révérences, les genoux bien ou-
« verts, la première très basse, la se-
« conde moins, ainsi que les deux autres,
« et ayant l'attention de ne point lever
« les talons.

« Après les révérences, l'écolier ou l'éco-
« lière marchera en avant, puis en arrière,
« à droite et à gauche, de côté, ainsi que
« de toute autre manière que le maître ju-
« gera à propos.

« La leçon finie, l'élève aura l'attention
« de conduire le maître jusqu'à la porte
« de l'appartement ; il lui fera ensuite deux
« révérences, la première bas, la seconde
« moins ; il le remerciera poliment des
« peines qu'il s'est donné, et des attentions
« qu'il a prises. »

Il en est, certainement, qui riront de ces formalités tant soit peu prétentieuses dans la forme, et exagérées.

Néanmoins, je déclare qu'elles doivent préoccuper tout bon « maître ». Il devra, en tout cas, contraindre l'élève à soigner sa démarche et à se tenir sans cesse *en danse*.

N'est-ce pas à ces soins assidus que les Sallé, les Thévenin, les Camargo et tant d'autres artistes durent leur succès et leur réputation de grâce et de séduction?

Je ne veux pas clore ce livre sans parler de quelques-unes de mes camarades à côté desquelles il m'a été donné de danser sur la scène de l'Opéra.

Beaugrand et Sangalli.

Il en est deux, hors pair, que je dois citer entre toutes : Beaugrand et Sangalli.

Beaugrand! Quel talent fin, quel esprit dans ses moindres mouvements. C'était la perfection même. Elle avait les plus merveilleuses jambes qu'on pût imaginer. Ses pointes étaient d'acier. A peine semblait-elle s'appuyer sur elles... et quand elle dansait, elle paraissait à peine effleurer le sol.

Pourquoi M. Vaucorbeil, — un digne et excellent directeur pourtant, — l'a-t-il éloignée de la scène où tant de succès l'attendaient encore? Pourquoi ne pas lui avoir confié l'école de perfectionnement?

Quant à Sangalli, c'était une danseuse d'un genre tout différent, une grande artiste dans toute l'acception du mot, oh! oui, une grande artiste! Excellente pantomime, comédienne de premier ordre, et quelles pointes elle avait! C'était une danseuse de danse noble. Je me la rappelle encore dans la *Source*. Je m'oubliais, à l'admirer, et quand, dans *Yedda*, elle mimait la *Scène de la Mort*, je ne pouvais retenir mes larmes.

Fonta, Fatou.

Deux autres de mes camarades, qui ont passé relativement inaperçues, doivent figurer parmi les danseuses de premier rang. Je veux parler de Laure Fonta et de Fatou, cette dernière, si prématurément enlevée, par une mort inattendue, à ses affections nombreuses et méritées.

A toutes deux il a manqué, il faut le dire, un physique, ou, pour mieux dire, un abord gracieux qui leur attirât les sympathies du public.

Mais toutes deux ont été de grandes artistes d'*école*. Elles représentaient, à l'Opéra, la danse classique pure, la danse traditionnelle de la Taglioni.

Fonta dansait avec plus de perfection que sa camarade. Mais Fatou avait un parcours, une élévation que l'on chercherait en vain aujourd'hui. Sa batterie était inimitable et je ne vois personne pouvant battre, comme elle, les entrechats-six. Je ne parle pas de ses entrechats-huit qu'elle faisait avec une facilité inouïe.

Rosita Mauri, Subra.

Les deux étoiles actuelles sont Rosita Mauri et Subra.

Rosita Mauri est une virtuose. Sa danse est faite de fantaisie. Ses pirouettes sur les pointes rappellent celles de la Sangalli. Il faut dire cependant qu'elle les exécute mieux. On ne peut avoir plus de précision, plus de sûreté qu'elle. Elle danse avec une

Mlle ROSITA MAURI

mesure irréprochable. Mais elle laisse beaucoup à désirer, quant à la pantomime. C'est au travail que Mlle Mauri doit d'occuper la première place parmi ses camarades. C'est à force d'exercices qu'elle est parvenue à avoir de bons pieds et, par suite, de monter merveilleusement sur les pointes. En un mot : c'est une danseuse *endiablée !*

Quant à Mlle Subra, elle a ce qui manque à Mlle Mauri : l'*école*, mais elle n'a pas du tout la *virtuosité* qui est la qualité maîtresse de cette dernière. C'est une danseuse qui honore l'école française. Elle est jeune, jolie, ayant des pieds admirables, mais manquant peut-être un peu de solidité. Cela doit tenir à la forme même de la pointe de ses pieds. En somme, une *excellente étoile française.*

Je ne puis passer sous silence deux artistes qui ont excellé dans l'art de la pantomime (sans parler de Mérante et de Pluque que je considère hors pair), d'Eugénie Fiocre et de Marie Sanlaville.

Quelle adorable femme que la première! quelle *taille* ravissante! quels pieds! quelles mains! tout était parfait chez elle.

Son jeu était fait de grâce et de charme. Seule, Mlle Sanlaville a pu non pas la faire oublier, mais tenir son emploi sans l'égaler par la séduction, en la dépassant par le talent! Mlle Sanlaville a dû faire place à une autre..... mais..... qui l'occupera comme elle?.....

Je m'aperçois que mes *Observations* risquent un peu de tourner aux bavardages; que le lecteur m'excuse! C'est si bon de parler de ce qu'on a tant aimé, que dis-je, de ce qui a été toute votre vie, de ce dont on a tant souffert et tant joui à la fois!

Je termine :

Mlle SUBRA

Quel accueil sera fait à ce livre? l'œuvre est hardie, je le sais. Peut-être a-t-elle été au-dessus de mes forces?

Hélas! je le sais bien, l'art de la danse, n'est pas seulement le plus ingrat de tous les arts; il est aussi certainement le plus ignoré ou le moins apprécié de tous.

Comment expliquer, sans cela, ce mot d'un écrivain aussi sérieux, aussi profond que Balzac : « La *danse* est une manière d'être. »

Modeste artiste, j'ai essayé de donner raison à Voltaire, plus encourageant, moins dédaigneux, qui a dit : « La *danse* est un ART, *parce qu'il* a ses règles. »

Ai-je réussi? Je n'ignore pas que pour un très grand nombre, la danse est un simple amusement frivole. N'en déplaise à ceux qui pensent de la sorte, c'est là une erreur très grande, et Lamennais a parfaitement jugé lorsque, complétant la pensée de Voltaire, il a écrit :

« La *danse* est un ART qui a ses lois analogues à celles de la *sculpture* et de la *musique*. »

Il me serait facile de rappeler ici comment les anciens l'appréciaient.

Mais cette dissertation ne serait pas à sa place dans ce petit cadre.

A quoi doit-on attribuer cette sorte de *discrédit*, — je ne trouve pas d'autre mot, — qui pèse souvent sur la danseuse, en général?

Si certaines ont pu le mériter, il faut songer aux fatigues, aux privations, aux souffrances auxquelles elles ont été en butte, dès leur plus tendre enfance.

Il faut tenir compte des tentations auxquelles elles ont été exposées, mal rétribuées et vivant de sacrifices incessants, presque de misère. Elles ont un peu droit à l'indulgence qu'on accorde à tant d'autres qui, certes, n'en sont pas aussi dignes qu'elles! Que ceux qui leur jettent trop facilement la pierre veuillent bien songer que la carrière d'une danseuse si pénible, si limitée, se termine pour elle, la laissant épuisée, souvent flétrie, sans moyen d'existence, inapte à s'en créer — dans l'ignorance absolue de tout ce qui n'est pas sa profession — à l'âge où la femme est d'ordinaire en pleine expansion de sa force et de sa beauté.

Ceci dit, je n'ai plus qu'une prière à adresser :

Lecteurs, soyez indulgents pour la femme toujours méritante et intéressante qui aura consacré sa jeunesse, sa santé, sa *vie*, à l'ART de la Danse;

Soyez indulgents pour elle..... car elle aura beaucoup travaillé et beaucoup souffert!..... afin de mériter vos applaudissements et même vos critiques.

Sur ce, je n'ai plus qu'un vœu à formuler ici :

AVOIR ÉCRIT UN LIVRE UTILE!

BERTHE **BERNAY**.

Paris, 1889.

FIN

TABLE DES MATIÈRES

Achevé d'imprimer

Le quinze mars mil huit cent quatre-vingt-dix

PAR CH. UNSINGER

POUR

E. DENTU, LIBRAIRE-ÉDITEUR

A PARIS